国家出版基金项目
NATIONAL PUBLICATION FOUNDATION

"十四五"时期国家重点出版物
出版专项规划项目

现代化进程中的哲学问题与哲学话语
系列研究丛书

郝立新　主编

现代治理的伦理之维

张　霄——著

辽宁人民出版社

© 张霄 2023

图书在版编目（CIP）数据

现代治理的伦理之维 / 张霄著 . —沈阳：辽宁人民出版社，2023.5

（现代化进程中的哲学问题与哲学话语系列研究丛书 / 郝立新主编）

ISBN 978-7-205-10712-3

Ⅰ.①现… Ⅱ.①张… Ⅲ.①国家—行政管理—现代化管理—研究 Ⅳ.① D035

中国国家版本馆 CIP 数据核字（2023）第 018102 号

出版发行：	辽宁人民出版社
地　址：	沈阳市和平区十一纬路25号　邮编：110003
电　话：	024-23284321（邮　购）　024-23284324（发行部）
传　真：	024-23284191（发行部）　024-23284304（办公室）
	http://www.lnpph.com.cn
印　　刷：	辽宁新华印务有限公司
幅面尺寸：	170mm×240mm
印　　张：	12.5
插　　页：	2
字　　数：	200 千字
出版时间：	2023 年 5 月第 1 版
印刷时间：	2023 年 5 月第 1 次印刷
责任编辑：	青　云
装帧设计：	留白文化
责任校对：	吴艳杰
书　　号：	ISBN 978-7-205-10712-3
定　　价：	60.00 元

丛书主编

郝立新，中国人民大学明德书院院长，教育部长江学者特聘教授，哲学院教授，马克思主义学院教授。兼任教育部教学指导委员会（哲学专业）副主任委员，国务院学位委员会哲学学科评议组成员兼秘书长，中国马克思主义哲学史学会会长，中央马克思主义理论研究和建设工程首席专家。曾任人大哲学院院长、马克思主义学院院长。

主要研究领域：马克思主义哲学，中国特色社会主义理论体系。近年主要著作有：《当代中国马克思主义哲学研究走向》、《马克思主义发展史》、《新时代中国发展理念》、《当代中国文化阐释》、《习近平中国特色社会主义思想的哲学意蕴》（英文版）、《中国现代化进程中的价值选择》。在《中国社会科学》《哲学研究》《马克思主义研究》《人民日报》《光明日报》《新华文摘》等刊物上发表论文二百多篇。

本书作者

张霄，哲学博士，中国人民大学哲学院教授、博士生导师、副院长，教育部人文社科重点研究基地中国人民大学伦理学与道德建设研究中心研究员、副主任，中央"马工程"专家，国家社科基金重大招标项目首席专家。在《哲学研究》《马克思主义研究》《教学与研究》《光明日报》等发表论文30余篇，多篇被《新华文摘》《人大复印报刊资料》全文转载。出版《当代英美马克思主义伦理学研究》专著1部，主编国家出版基金项目《新时代马克思主义伦理学丛书》。获第二届中国伦理学十大杰出青年学者称号。

总　序

　　现代化是世界性的社会运动或历史进程。从世界范围看，现代化既具有普遍性规律和共同特征，同时又具有由各国历史、制度和经济文化等条件所决定的特殊道路或具体特征。在当代，现代化与哲学之间形成了复杂而丰富的关系。哲学发展受到现代化的深刻影响，同时又对现代化进行批判性的反思和积极性的建构。现代化进程中产生的种种问题备受哲学关注，并引发哲学研究在现实维度上的拓展与深化；哲学对现代化的深层联系和发展密码进行解读，对人们从宏观上、整体上把握现代化具有重要意义。

　　改革开放之初，邓小平提出了"面向现代化、面向世界、面向未来"的深刻洞见，对中国教育和哲学社会科学发展产生了深远影响。现代化发展一直是当代中国哲学非常关注的现实问题。当我们进入新时代、迈上现代化新征程之际，需要认真思考哲学应如何继续"面向现代化"，如何进一步关注和回应中国式现代化发展进程中的重大问题。笔者认为有必要关注以下方面。

　　第一，要深入挖掘和充分运用马克思哲学思想的资源，以历史唯物主义为指导。在分析和认识现代化的过程中，存在多种解读模式或理论范式。马克思哲学思想对于我们考察和解读现代化具有重要指导意义。从一定意义上说，马克思对资本主义社会的理论分析与对资本主义现代化的理论分析是一致的。马克思关于社会历史辩证法的思想，关于对资本主义历史进步性的肯定和对资本主义的局限性的分析，关于从民族历史向世界历史的转化、从人的地域性存在向人的世界性存在的转化的论述，关于对资本逻辑的批判和对资本主义异化特别是劳动异化的分析批判，关于社会进步和人的自由而全面发展的思想，关于跨越卡夫丁峡谷的思想等，对于我们认识现代化的历史、现状和未来，对于我们比较资本主义现代化和社会主义现代化的特征和道路，具有重要的世界观和方法论意义。当前，我们秉持马克思的实践精神和批判精神，既要对现代化道路进行建设性的思考，也要对现代化进程中出现的问题进行反思性的批判。

第二，要整体地历史地把握现代化，认清现代化的整体性和复杂性。现代化是一个历史性范畴，也是一个总体性范畴。现代化既是一个历史过程，又是包含多个层次、多向维度、多种矛盾的复杂结构。各个时期、各个国家对这一概念的理解有所不同，甚至大相径庭。从总体上看，现代化是当今世界许多国家发展的重要目标和趋势。它既是历史发生的过程，又是现实进行的运动，也是未来发展的趋势。考察现代化，应该从历史与现实、民族与世界、普遍与特殊、科学与价值、建构与批判等多种维度或比较视野来思考。如果说现代化运动肇始于18世纪的西欧，那么至今已跨越三个多世纪。从世界范围看，现代化有着一些共同的指向和公认的指标，但是各个民族或国家的现代化又存在不同的发展道路、不同的具体目标。从科学维度看，现代化是一个"类似于自然发展的历史过程"，即具有其物质基础、内在的规律性，具有与社会形态发展规律相一致的客观性；从价值维度上看，现代化是由一定社会主体（民族或国家）的利益驱动、为实现一定价值目标的社会运动，是一个进行价值认知、价值认同、价值评价、价值选择、价值创造和价值实现的过程。我们要在现代化发展的规律性、必然性和主体性、价值性的统一中把握现代化，在决定性和选择性中把握现代化。一方面，要看到从传统的农业社会向现代工业社会、信息社会乃至更高文明社会转型或发展过程中必须依赖一定的物质前提、文明条件；另一方面，又要看到与现代化发展相联系的社会制度和实现路径存在多样性和选择性。

第三，深入分析现代化进程中的各种矛盾关系，探索现代化进程中如何实现社会全面进步和人的全面发展目标的路径。无论是在中国还是其他国家，现代化进程往往都存在物的发展与人的发展、物质生活与精神生活、群体发展与个体发展、人与自然环境之间的矛盾，这些矛盾在不同的历史阶段、不同的国家、不同的社会制度下，具有不同的表现和解决途径。在当代中国，如何在促进物的全面丰富的基础上促进人的全面发展、丰富人民的精神世界、提高社会的文明程度的问题日渐凸显。当前，人的现代化和共同富裕备受关注。从社会发展目标和发展动力来说，现代化的本质是人的现代化。人的现代化不是抽象的命题，它是人的发展与总体现代化进程相一致的过程，是人的素质、能力、品格、社会关系由传统状态向现代状态的转变。如果社会现代化没有体现在人的现代化上，或者没有人的现代化作为支撑，那么这样的现代化是不健全的，也是缺乏持续前进的动力的。共同富裕是全体人民的共同富裕，是物质生活和精神生活的共同富裕，是需要经过长期奋斗而逐步实现的过程。以共同富裕为价值目标的中国式现代化，不仅要促进物质文明和精神文明的发展，而且需要大力推进国家治理体系和治理能力现代化，为共同富裕提供制度保障。我们期待，中国式现代化的推进对于普惠人民、造福人类发挥更为重要的作用。

本系列丛书旨在汇聚哲学各分支领域的研究者，对世界现代化和中国式现代化进行多维透视，深化对现代化的哲学问题的研究。受到后现代思潮中解构主义影响，现代化所产生的问题被解构为各自独立的问题，这就造成问题分析与应对的桎梏。因此，有必要通过诸学科联合、相互交叉的方式，从多维视域立体地建构对于现代化问题的全面解读和辨析，进而将碎片化和孤立的视域集合成具备有机整体性、实践性、现实性和历史性的多维视域，以此来形成系统的具有实践意义的有机理论体系。哲学作为人类智慧的凝结，应当肩负起时代的责任，在现代化背景下，对人如何处理与诸多因素之间的关系问题，从思想与实践的双重维度提出应对方案与分析，给予中国现代化进程以强有力的支撑。推陈出新，建立中国自主的话语体系，成为当前哲学工作者亟须面对的重大学术命题。本系列丛书关注并研究了以下问题。

关于现代化和主体性的问题。自工业革命以来，人类生产力的发展速度有了飞跃的提升，呈加速度的状态，推动了人类历史发展，人的生存方式发生了本质性的变化，人的主体性得到了极大的觉醒。与此同时，人与自身、人与人、人与其他事物之间的关系也产生了一定的变化。在现代化过程中，人类的存在方式、交往方式、社会系统和思想观念等，都受到现代化的深刻影响。个体与社会之间的张力愈加突显，"实现自我"与"公共视野"自觉或不自觉地成为人们亟须应对的问题之一，并由此衍生出"治理主体"的合法性问题。此外，主体性的觉醒，使得个体较以往更为关注自身，那么在地方、国家乃至全球的治理过程中，个体的权利与义务、公共性以及正义，在新的时代被赋予了新的内涵，再次成为人们关注的热点。基于上述语境，现代化问题就其本质而言，是对于人的问题，是人与自身、人与人、人与其他事物之间的关系问题。现代化问题从宏观来说，包括如何处理与自然、科技、宗教、传统文化、人自身以及主体间关系等一系列问题。近代以来，人的主体性得到极大的觉醒，自人类进入现代社会，人们如何处理"过去"和"现代"成为一个普遍性问题，如何对过往进行扬弃，适应新的时代，是现代化过程中所有领域都必须面对的。现代化的过程还伴有全球化过程，使得"全球化"的一般性与"民族"的特殊性之间的碰撞，较以往更为激烈，受到人们的普遍关注。

关于建构理解和把握现代的概念框架和现代化进程中人的生存问题。"现代"是标志人类文明发展的形态学概念。从横向空间的角度来讲，现代就是指现代社会；从纵向时间的角度来看，现代就是指现代历史。当历史进入现代，哲学家以实践思维的方式关注现实，对热点问题作出与时俱进的哲学审视，从而超越虚无与喧嚣，安顿我们的心灵。置身于现代性的境遇，我们需要解读当代哲学的公共视野，反思现代性的悖论与后现代哲学的解构之维，思考如何在时代语境中哲学地"改变世界"，阐释人们在现代社会实现自我的思想根基，对人生的可能之路作出兼具现实性与超越性的价值选择，回归生活世界的精神家园。

从西方现代化的大背景看，现代是人被确认为认知主体、权利主体和欲求主体的解放时代。资本和权力以不同的方式规定了现代主体性解放在知识生产、权利保障和欲求满足三个维度上的成就与限度。现代展开为以主体性为中心，以资本和权力为两翼，以知识、权利和欲求为支点而构成的立体结构。通过阐释现代的这些基本概念及其相互关系，为探讨人类社会历史发展的现代化历程提供了宏观的总体性视野，避免了单向度的还原主义理解带来的局限。中国式现代化超越了西方现代化的资本逻辑，开创了人类文明新形态。阐释中国式现代化生成、发展、成形和达到理论自觉以及在实践中再出发的规律，是本丛书担负的一个重要使命。

关于从现代化视角关照中国哲学的问题。现代化使得历史的发展呈现出加速度的状态，使得人类自身与当下现实出现了一定的张力，并且这种张力会随着加速度的提升而增大，人受到精神与现实的双重压迫。当我们从传统文化和思想领域切入，为了缓解这种张力，我们需要对传统进行溯源。一方面，从历史的维度对既有思想和理论进一步挖掘，以历史和现实为基础，并对其进行扬弃，为新的思想和理论的建构做好基础性铺垫；另一方面，从历史之中汲取必要的历史经验，以此为依托，与现实经验相互参照，对中国哲学(广义)进行理论上的补充和建构，反思现代文明的发展，以此再返还中国哲学自身，从政治、伦理和生态三个维度对中国哲学进行建构，让理论自身能够与时代接轨，建立中国自己的学术话语体系，以满足现代化社会的发展需要。作为中国哲学(广义)有机构成中的重要组成部分，中国化的马克思主义哲学亦是如此。中国哲学具有鲜明的特点，即历史性特点、经典性特点和批判性特点，需要在历史中重新确立其主体身份，在经典研讨中激活源头活水，在批判性反思中重构自身。若不能深切把握这三个特点，就无异于失却了自我。当代中国哲学关注的问题都是全球现代化进程中的普遍性问题，如哲学的主体性与普遍性、公民教育、启蒙、权力、生态伦理、气候变化等，这些都是持久不衰的话题，既具有理论性质又富于现实意义。通过对它们的认真探讨，可以充分体现中国哲学之于现代社会、现代世界的"鉴照"。

关于现代化进程中的科学技术问题。现代化进程中最为突出的特色是人和技术的高度交互，技术在各个层面都在深入影响人的生活。这不仅反映在技术可以作为一种工具被随意使用，也反映为技术本身在重塑主体性。前沿技术的发展总是超越了现有法律和伦理框架，亡羊补牢式的研究办法不能提前预知技术可能造成的各种伦理困境，人在物的使用中始终保持高度的道德自由。所以，我们能够把握的，只能是人的意向，技术造成的结果完全由人的意向决定。随着我国进一步深化改革，国际政治经济实力进一步提升，如何处理技术发展和伦理之间的张力成为亟须解决的问题，建构一个有说服力的、能够连接人和技术人工物的主体性观念，并给技术哲学，尤其是技术伦理学讨论提供规范性资源，成为哲学的又一历史任务。当前，中国社会正在进入深度科技化时代，科技在带来巨大机遇的同时也带来诸多风险和挑战。诸多技术风险无法通过技术评估的方法得以规避，这是因为技术评估思路预设了技术是中立的工具，人是唯一的能动者这一现代形而上学，继而无法深刻理解人与技术的关系。只有克服这一现代形而上学，才能真正解决技术风险问题。技术意向性研究指出，技术并非是中立的工具，可任由人使用。技术有意向性，技术意向性始终调节人的知觉，深刻地影响人的根本存在。人与技术在能动性的生成意义上是彼此共构的。伴随科学技术和全球经济一体化的推进，现代化同人们的生活紧密交织在一起，从思维到人们的实践活动，再到社会制度，乃至人们的信仰，都受到了影响和改变。面对时代的变迁，原有的逻辑思维方式已经不能适应快速发展的现代化，逻辑和批判性思维能力的现代化成为亟待解决的时代课题。如何提高人的逻辑和批判性思维能力，是我国现代化进程中必须认真对待的问题。

关于现代化进程中的伦理问题。现代化进程极大地改变了人们的现实环境，使得人们的交往方式发生改变。而互联网的迅猛发展，对基于以往生产方式和生活方式的伦理和道德提出了挑战，如何从思路、手段、途径和方法等方面提出可行性的应对方案，如何在延续原有道德和伦理的优良因素的基础上继往开来，成为中国现代化建设过程中需要攻克的难题。其中，中国网络社会的伦理问题值得关注。网络社会具有区别于农业社会、工业社会的现时代特征，这就是以信息技术为主导的科技进步带来的人的生存方式、交往方式和时空观念的巨大改变，这是对网络社会之历史必然性的揭示。中国政府、中国企业、中国国民在网络社会中提出了多种应对方式，同时面临不少困境。研究者从理性主义现代性问题意识入手，从责任伦理出发，依据责任的大小和关联程度，着重探讨中国网络社会中的各个不同主体的责任及其实施方式，从应用伦理层面为中国网络治理的合法性和构建基于网络社会的人类命运共同体的尝试提出了学理建议。

关于国家治理体系和治理能力现代化的问题。国家治理的本质是在国家与社会之间建立一套规范性系统，这个规范性系统不能仅仅用"典章式"的制度体系来概括，而应被理解为一个良性的、"活的"社会生态系统。要建成这样一个系统，不仅需要制定一系列设计完备、相互衔接的制度体系，更需要在运行这个制度体系的过程中形成一种良性的活动机制。前者是治理体系的基础，后者是治理能力的核心。国家治理的规范性系统需要德治即伦理系统的驱动，伦理系统虽然也是一种约束机制，但这种约束是一种自我约束，其目的是追求某种道德价值。法治不但要契合这些伦理特性，而且要稳定、优化、提升和重组这些伦理特性。从国家治理的角度讲，这就是法治的规范性功能。立足于这一功能，法治构成了国家治理之规范性系统的两大支柱之一，为社会的良性运行提供了刚性的约束机制。在国家治理体系与治理能力现代化的大背景下，为构建国家治理的伦理系统提供一个理论论证和建设思路，研究者从政治与伦理的关系讨论当代政治哲学中道德主义与现实主义的关系，并提出新时代马克思主义伦理学与德治文化共同构成当代中国国家治理现代化事业的文化之基，这是一种具有中国特色的现代文化治理方案。

此外，本丛书还从马克思主义中国化时代化以及当代中国社会实践发展的角度探讨了中国式现代化的实践逻辑。

中国已踏上现代化的新征程，中国与世界的联系更加紧密。在世界历史进程中把握中国式现代化的民族性和世界性，认清中国现代化道路的特质，是中国哲学工作者的重要使命。我们期待这套丛书能为关注现代化的读者提供一些参考、引发一些思考。

十分感谢中国人民大学"双一流"建设项目和北京市"双一流"建设

项目的资助。2019年，中国人民大学哲学院承担了"北京市与中央高校共建双一流大学"项目"现代化进程中的哲学问题与哲学话语"。本丛书是该项目的成果。最后，感谢辽宁人民出版社的大力支持，使本丛书顺利出版。

郝立新

2023年4月

目 录

总序　郝立新 // 001

引言
构建国家伦理治理体系

第一章
政治哲学概念中的治理与伦理

第一节　政治哲学的两种样式 // 012

（一）政治理论中的道德主义 // 013

（二）政治理论中的现实主义 // 016

第二节　黑格尔的法哲学与马克思的伦理学 // 021

（一）黑格尔的法哲学 // 023

（二）从黑格尔到马克思：在法哲学与伦理学之间 // 028

第二章

马克思主义伦理学：一种现代伦理治理理论

第一节 马克思恩格斯伦理学的"破"与"立" // 036

（一）对思辨哲学的批判：反形而上学的伦理学意义 // 037

（二）唯物主义立论：被正确理解的利益是全部道德的原则 // 041

（三）政治经济学的社会分析：建立经济利益与社会道德的伦理关系 // 046

第二节 社会理论与伦理学：马克思与麦金太尔 // 050

（一）如何从道德上理解自由个人的现代联合 // 053

（二）如何在道德贫乏的资本主义社会开发道德资源 // 062

第三章

中国德治传统与马克思主义伦理学

第一节 传统伦理文化的历史与现在 // 074

（一）社会主义文化是传统文化的现代基础 // 075

（二）传统文化的社会基础和主要特点 // 077

（三）传统文化的时代境遇 // 085

第二节 中国优秀传统文化的创造性转化 // 090

（一）文化的传承与创造性转化 // 090

（二）中国传统文化的优良基因 // 094

（三）传统文化创造性转化的现代途径和方法 // 104

第三节 中国优秀传统文化的创新性发展 // 106

（一）文化的更新与创新性发展 // 106

（二）中国传统文化的时代价值 // 108

（三）传统文化创新性发展的现代途径和方法 // 112

第四节　在马克思主义伦理学与中国伦理学之间 // 115

（一）马克思主义伦理学与中国伦理学的关联 // 115

（二）马克思主义伦理学与中国特色社会主义伦理学的关联 // 122

第四章

国家治理的伦理系统：以中国为方法的建构

第一节　伦理治理工程：功能、构架与运维 // 128

（一）新时代公民道德建设"治理转向"的重大意义 // 129

（二）伦理治理系统的"3×5"结构 // 133

（三）伦理系统的三大治理功能 // 148

（四）伦理系统的治理运维 // 152

第二节　国家伦理治理体系与发展职业伦理 // 158

（一）职业伦理是公民道德建设工程的关键领域 // 159

（二）职业伦理的治理对象与治理途径 // 166

结束语

培育商业伦理精神和发展科技伦理

（一）培育商业伦理精神 // 174

（二）发展科技伦理：从原则到行动 // 178

参考文献 // 183

引言

构建国家伦理治理体系

2020年1月，新型冠状病毒肺炎开始在全国各地大面积流行。这次流行的病毒性肺炎扩散快、隐蔽性高、根治难，疫情防治工作的复杂程度不断升级，对公共卫生系统的应急管理能力提出了巨大的挑战。很多评论者由此认为，这是对国家治理体系和治理能力现代化建设在起步阶段的一次突击"大考"。目前来看，在党中央和习近平总书记的领导下，中国政府以令世界刮目的能力、毅力和担当成功地应对了这次突击考验。"集中力量办大事"的举国体制强化了公民对国家的政治认同和文化归属感，又一次向世人展示了中国特色社会主义的制度优势。但从国家治理的长远发展来看，完全靠大规模使用国家行政力量应对突发性公共危机不能成为常态。由于其成本大、代价高，这种方式虽然高效，但不能常用。更为重要的是，如果这种方式进入常态化，势必会固化某种行政惯性，导致出现主要依赖行政力量包揽公共管理、应对公共危机的被动局面。而这与国家治理的理念和思路是不相符的。所以，长久之计是，我们应当把国家行政力量所展示出来的活动效能，转化为一种在国家主导下由国家和社会共建共治的常态运行的治理体系，通过进一步深化和协调国家与社会在治理体系中的关系，不断推进国家治理体系与治理能力现代化。

当前，在疫情得到有效控制的态势下，已有不少科研机构和专家学者在国家治理这个大主题下，开始有针对性地启动一系列"重大突发公共危机事件应急管理研究"，如重大疫情应急管理体系、关键物资生产与流动管理、公共卫生法治建设、公共危机舆情应对、公共危机中的心理干预与疏导等。但遗憾的是，除了这些"刚性"治理研究主题外，很少有人关注"柔性"治理机制研究，特别是伦理治理方面的研究，如"危机管理与社会伦理调控"等。其实，这次疫情暴露出来的伦理问题几乎涉及防疫工作的方方面面。① 这些伦理问题让我们发现，现行的治理体系中还存在很多"bug"（漏洞）。要解决这些"bug"，光靠治理的"硬件系统"支撑是不够的，显然还需升级治理的"软件系统"。而"伦理系统"就是其中的关键一个。有了这个伦理系统，"把国家动员起来"的组织效能就会转变为一种常态化的伦理力量。这种力量不仅可以最大限度地激活和释放治理体系的硬件配置，还能不断调动治理资源扫除漏洞以保障治理体系的稳定性。所以，国家治理体系要运转得好，就必须安装这个伦理系统。

国家治理的本质是在国家与社会之间建立一套规范性系统（normative systems）。这个规范性系统不能仅仅用"典章式"的制度体系来概括，而应理解为一个良序的、"活的"社会生态系统。要建成这样一个系统，不仅需要制定一系列设计完备、相互衔接的制度体系，更需要在运行这个制度体系的过程中形成一种良性的活动机制。按照党的十九届四中全会精神来理解，前者是治理体系的基础，后者是治理能力的核心。

严格地说，这个规范性系统是不可能凭空建立的。这句话的意思是，我们不能以外在于一定社会实在的规范性逻辑去建立这个系统，把这个系统变成由这种逻辑设定出来的产物。所以，这里所说的"建立"，指的是一种适应性创制（adaptive initiation），即在一定的社会环境中根据社会实在的特性所进行的调整、革新或改造。这个社会实在的特性，本书主要是指伦理特性，即一定社会从历史继承下来的生活方式、交往方式、风俗习惯、性格特征、道德理想、内心信念等。之所以称它们为伦理特性，是

---

① 教育部人文社科重点研究基地中国人民大学伦理学与道德建设研究中心官方网站"中国伦理在线"主编的"抗'疫'"专辑，目前共发表了41篇原创文章讨论疫情防治中的伦理问题。这些文章涉及生命伦理、医学伦理、法律伦理、经济伦理、企业伦理、公共管理伦理、环境伦理、科研伦理、道德心理学、慈善伦理、体育伦理、传媒伦理等十多个相关研究主题，几乎涵盖了所有重要的应用伦理学研究领域。相关文章参见"中国伦理在线"网站：http://ethics.ruc.edu.cn和微信公众号：中国伦理在线。

因为生活在这些特性中的人，会把自己的主观特殊性和某种共同体的客观普遍性统一起来，并认为这种统一是一件理所当然的事。这些伦理特性源自社会中真实存在的伦理实体，如中国式的家庭。而这些伦理实体的生活样态才是这个世界现实的模样。从这个意义上讲，国家治理作为一种规范性的政治安排，只有立足于这些伦理特性，才可能建立起来并有效运转。这不是说政治安排要因循守旧或固守传统。其实，即便是强大的风俗习惯，也不是不能改变的，但其前提必须是对一定社会伦理特性的理解与把握。孟德斯鸠曾在《论法的精神》中，盛赞为斯巴达立法的莱库古甚至可以运用自己的智慧冲击城邦"久已养成的习俗"。在孟德斯鸠看来，莱库古之所以能成功，显然是因为他对斯巴达城邦政体及其民情的了解，基于此才能"把偷窃与正义感、最残酷的奴隶制与极端的自由、最残忍的感情与极致的宽和融为一体，从而为城市带来了稳定"[1]。所以，孟德斯鸠认为，法律都应该是量身定制的，是立法者在了解"事物本性的必然关系"的基础上制定的。而"事物本性的必然联系"就是特定国家的物质条件、政体性质和民情（mores）。好的立法者既洞悉这一切，也善于因势利导。这才是"法的精神"[2]。孟德斯鸠提及的"事物本性的必然联系"，类似于我们所说的作为社会实在的伦理特性。孟德斯鸠讲的"法的精神"，和我们在这里强调的"建立规范性系统要适应一定社会的伦理特性"是一致的。更进一步地说，法治不但要契合这些伦理特性，还可以稳定、优化、提升和重组这些伦理特性。从国家治理的角度讲，这就是法治的规范性功能。立足于这一功能，法治构成了国家治理之规范性系统的两大支柱之一，为社会的良序运行提供了刚性的约束机制。但是，仅凭法治还不足以支撑整个社会的规范性系统。国家治理的规范性系统还需要"德

---

[1] [法]孟德斯鸠：《论法的精神》，许明龙译，商务印书馆2009年版，第42页。
[2] [法]孟德斯鸠：《论法的精神》，许明龙译，商务印书馆2009年版，第7-12页。

治"即伦理系统的驱动。伦理系统虽然也是一种约束机制,但这种约束是一种自我约束,其目的是追求某种道德价值。离开了一定的道德理想和目标激励,伦理系统的约束机制就会变成"为道德而道德"的教条体系并因而失去意义。关于这一点,中国古代的德治思想说得很明白:"道之以政,齐之以刑,民免而无耻;道之以德,齐之以礼,有耻且格。"① 这意味着,伦理的约束是因心中有荣辱的"格",而非不走心的"免"。所以,国家治理的规范性系统有两大支柱,一个是依法治国的法治系统,一个是以德治国的德治系统(伦理系统)。对后者而言,当国家治理主体开始把一定社会的伦理特性从自在状态向自为状态转化的时候,伦理系统就处在有意识地被构造和发展过程之中。在这一点上,我们国家在党的领导下是有自觉意识的。

历史地看,当"社会主义精神文明建设"② 这个概念在1979年被首次提出之后,国家就开始有意识地建设新时期的伦理系统。③ 按官方语言来表述,这个伦理系统的建设叫作"思想道德建设"。从1979—2019年的四十余年,国家在建设这个伦理系统的过程中大致经历了三个发展阶段。在1979—1992年这14年,思想道德建设的主题是政治领域的"政治

---

① 《论语·为政》。

② 1979年9月29日,叶剑英《在庆祝中华人民共和国成立三十周年大会上的讲话》中,第一次明确提出了"社会主义精神文明"的概念:"我们要在建设高度物质文明的同时,提高全民族的教育科学文化水平和健康水平,树立崇高的革命理想和革命道德风尚,发展高尚的丰富多彩的文化生活,建设高度的社会主义精神文明。"中共中央文献研究室编:《三中全会以来重要文献选编》(上册),中央文献出版社2011版,第204页。

③ 国家在党的领导下建设伦理系统的历史其实很早,而且成效卓著。限于篇幅,本书只讨论改革开放以来的情况。因为,国家在不同时期建设伦理系统的目的是不同的。革命时期,中国共产党在政党系统以及政党领导下军队系统中建立了完备、高效的伦理系统。这个伦理系统就是革命的道德,即革命的理想、道德和纪律。但革命时期构建的伦理系统适应的是特殊的职能组织,具有特定的目的和功能,不能将其等同于建设时期的伦理系统。

正确"。蕴含并主要体现为道德内容的思想建设，决定着社会主义精神文明的性质和方向。而思想建设的根本目的，是巩固社会主义原则在政治领域的指导地位。1986年中国共产党十二届六中全会制定并颁布的《中共中央关于社会主义精神文明建设指导方针的决议》，是这一时期的标志性文件，这部文件也是社会主义精神文明建设领域第一部纲领性文件。在1992—2012年这20年，思想道德建设的主题是"适应经济"，即建立一套与社会主义市场经济相适应的社会主义思想道德体系。这一思想道德体系，在1996年中国共产党十四届六中全会通过的《中共中央关于加强社会主义精神文明建设若干重要问题的决议》中被明确地表述出来。但在这20年思想道德建设的大背景中，2001年提出的"以德治国"方略和《公民道德建设实施纲要》是重要的标志性事件。它的标志性意义主要有三个：其一，强调从法治和德治相互配合的角度开展治国理政，完善了对规范性社会系统的整全性理解，具有重大的国家治理意义；其二，作为"以德治国"方略的具体落实，《公民道德建设实施纲要》的颁布转换了思想道德建设的重心，即从以"政治宣教"为中心转向以"规范建设"为中心，从而更加契合"治理"的特征；其三，国家首次在思想道德建设体系中把公民道德凸显出来专门加以筹划，体现了国家对规范性伦理系统建设的高度自觉。

在2012—2019年这8年，思想道德建设的主题是"引领治理"。它有两层含义：其一，思想道德建设发生了"治理转向"，有全面融入国家治理体系与治理能力现代化工作的发展趋势。其标志性事件是中央全面深化改革委员会（以下简称中央深改委）在第九次会议上审议通过的《国家科技伦理委员会组建方案》。这个方案里首次提出了要"构建覆盖全面、导向明确、规范有序、协调一致的科技伦理治理体系"。在十九届四中全会精神的指导下，伦理治理体系建设将进一步融入国家治理体系的方方面面,成为新时代公民道德建设工程的主要内容。其二,社会主义核心价值观是对改革开放以来我国社会伦理特性的高度概括,为制度体系的设计和治理绩效的评价提供了理念、方向和依据,也体现了治理主体把伦理特性以政治社会化的形式融入国家治理的文化自觉。可以说,这里是个转折点,意味着思想道德建设开始从"适应经济"的"适应"阶段,转向"适应性创制"的"创制"及其"引领"阶段。以上两点为思想道德建设的"治理转向"奠定了两个基础性条件:一是伦理创制借助政治社会化方式融入并调适社会,二是文化自觉引领政治社会化过程。这两个基础性条件为构造新时代国家治理的伦理系统开辟了道路。

在笔者看来,这个伦理系统是一种治理与伦理的现代结合,而中国的国家治理现代化事业为这种结合提供了独特的社会场景和文化背景。从理论上讲,这一方案有三个思想来源:一是新时代马克思主义伦理学,一是中国儒家德治传统及其文化,一是涂尔干社会学的职业伦理概念。三个来源与国家治理现代化的关系是:国家伦理治理体系和伦理治理能力的现代化,是国家治理现代化在文化治理上的现代化。在现代社会,伦理治理体系的建设和伦理治理能力的提升可以通过职业伦理这个实体和载体得以发展。其一,职业伦理概念是对马克思主义伦理学的现代诠释,为在新时代开展中国特色社会主义思想道德建设提供了理论方法和实践指导。其二,发展以职业伦理为基础和主体的治理体系是现代社会生活的内在要求。从社会学的角度说,它既是社会有机团结的基础,也是国家和个人之间在政治互动上的缓冲地带,还是个体识别自身文化同一性的依恋型组织。其三,职业伦理中的伦理概念可以是中国传统治理文化通过现代职业生活表达自身的一种方式。这种治理文化体现了儒家德治文化传统。从这个意义上讲,职业伦理是传统德治文化的一种创造性转化和创新性发展。它以职业生活为依托,是以德治国的新时代形态。从政治哲学的角度总体上看,中国国家治理现代化的理念与西方道德主义政治哲学传统有相似之处。但由于我们对伦理与政治的关系有着不同的认识和实践方式，前者又独具中国特色。

很显然，笔者是从规范的而非描述的角度谈论治理与伦理的一种中国式现代结合。这意味着，笔者的重点不是一种对既有成果的理论总结，而是在既有经验的基础上对未来实践的一种理论筹划。更为重要的是，在笔者看来，这一伦理治理体系的建设，将在根本上关系到对"中国之治"的文化自信。

本书是国家社科基金重点项目"马克思主义伦理思想史"（项目号16AZX020）的阶段性成果，为方便表述，笔者将从四个方面阐述上述主题。在第一章，笔者将从政治与伦理的关系讨论当代政治哲学中道德主义与现实主义的关系。这是伦理或道德概念进入作为政治哲学之治理主题的正当性问题。笔者认为，政治哲学中的道德主义与现实主义是可以结合的。马克思主义伦理学可以提供一种结合两者的理论方案。这一方案源于黑格尔的法哲学，马克思继承但也超越了这种法哲学。紧接着在第二章，笔者将重点讨论作为国家伦理治理现代化建设的理论基础：一种新时代的马克思主义伦理学。这一伦理学理论不仅为中国提供了一种新的现代化价值方案，也为中国德治传统在其中的延展提供了适宜的土壤。在第三章，笔者将说明，中国儒家传统的德治文化就是一种独特的道德主义政治哲学的产物。当代中国的治理模式在很大程度上是对这一政治传统的继承和发展。这种德治文化传统与马克思主义伦理学有相同之处。这意味着，新时代的马克思主义伦理学与德治文化将共同构成当代中国国家治理现代化事业的文化之基。这一文化之基是一种具有中国特色的现代文化治理方案。第四章将从总体上对这一文化治理方案进行系统的说明，涉及这一方案的本质概念、治理功能、整体构架和运维要素。这部分将详细介绍这一文化治理方案在国家政策上的演变及其历史走向,并最终聚焦在职业伦理上集中加以讨论。正如笔者在上文所述,职业伦理是这一文化治理方案的实体和载体,是这一文化治理方案具体落地的基础和关键领域,抓住了职业伦理发展的关键环节,才能真正实现这一文化治理方案。①

---

① 部分内容发表于《国家治理的伦理系统:概念、功能、构架与运维》,载陆丹主编:《中国治理评论》(2020年第1期),社会科学文献出版社2020年版。

第一章

政治哲学概念中的治理与伦理

在治理国家的政治活动中，伦理道德能发挥作用吗？这首先是一个在国家治理现代化主题下的政治哲学问题。这一问题是我们讨论国家伦理治理的前提，因为它关系到伦理或道德进入国家治理的正当性问题。这一问题看似顺理成章，却是一个颇具争议的政治哲学话题。

第一节　政治哲学的两种样式

政治与伦理、政治哲学与道德哲学的关系是当代政治哲学研究的一个热点问题。伯纳德·威廉姆斯在《政治理论中的现实主义与道德主义》一文中认为，政治哲学有两种样式，一个是现实主义的，一个是道德主义的。简单说来，道德主义政治哲学认为道德优先于政治。政治生活是对某种道德理想的追求。国家作为政治生活的最高形式，其目的就是为了实现这一道德理想。但威廉姆斯认为，这种传统的道德主义政治哲学是不切政治实际的理想主义，政治哲学应该是现实主义的模样。在他看来，"首要的政治问题"（The first political question）是霍布斯式的，即"对秩序、保卫、安全、信任以及合作条件的保障"。凡是意欲提供这些保障的国家政权，必须满足"基本的合法性要求"（Basic Legitimation Demand, BLD），为其提供合法使用权力的正当理由。为了捍卫现实主义立场，威廉姆斯强调，BLD的存在并不代表道德优先于政治。BLD只不过是现实的政治诉求，和道德无关。从这个意义上讲，BLD的存在恰恰证明了政治优先于道德。[①] 因此，政治哲学不应是道德哲学的一个研究部门或附庸，而

---

① See Bernard Williams, *In the Beginning was the Deed: Realism and Moralism in Political Theory*, Princeton: Princeton University Press, 2005, pp. 4-9.

是一门应当从道德哲学中独立出来的自治学科。

威廉姆斯对政治哲学两种样式的划分及其对现实主义政治哲学的捍卫，既体现了当代西方政治生活不断摆脱一元主义道德理想的现实需求，也反映出政治哲学欲与道德哲学划清界限、自立门户的理论要求。在威廉姆斯看来，当代一些著名的政治哲学家，包括罗尔斯在内，都有难以割舍的道德哲学情结。这在政治哲学研究中是非必要的。从这个意义上讲，威廉姆斯其实想把道德哲学排除在政治哲学之外。因为政治哲学不需要道德哲学。政治哲学的核心主题（协调利益冲突、政治权力的合法性论证）和伦理道德无关。即便他提出了BLD，他也不认为这是某种确立合法性的道德原则。

威廉姆斯力图在政治哲学中排除道德哲学的极端做法是值得商榷的。但是，在评议威廉姆斯的立场之前，笔者将先从历史的角度讨论政治哲学与道德哲学的关系。因为在历史上，强调政治应脱离道德理想而关注现实利益的思想家早已有之。马基雅维利首先开启了这种脱离。紧接着，霍布斯在理论上强化了这种脱离。这是利奥·施特劳斯提出的为众人所接受的观点。

（一）政治理论中的道德主义

施特劳斯认为，现代性是一种对前现代政治哲学的激进变革。这一变革经历了三次浪潮，而每次浪潮都深刻影响着西方文明的现代走向。在历史上，第一个拒斥先前政治哲学传统的思想家是霍布斯。但霍布斯却是沿着马基雅维利开创的道路前进的。因此，现代性的第一次浪潮是由马基雅维利掀起的。那么，马基雅维利和霍布斯反对的前现代的政治哲学传统是何样态呢？

前现代政治哲学传统的样式就是道德主义的政治哲学。在这一政治哲学传统中，政治哲学更像是一种应用伦理学，即伦理学在政治领域的应用。伦理学的任务是提供一种基于人性的、具有普遍性的善理论。这一善理论规定着人们生活的各个领域。政治生活只是其中的一个领域。政治的主要功能就是在政治生活中实现这种善。而政治哲学就是研究实现这种善的方式的理论。一般说来，这种善理论会提供一种标准的好生活方式。这种好生活方式应当是所有人值得追求和向往的标准。在这种一元化的生活方式中，所有在生活中需要体现的价值都会按照一定的秩序排列。而秩序本身的正当性往往建立在某种自然概念的基础上。

亚里士多德的《尼各马可伦理学》和《政治学》就体现了这种关系。在他看来，所有事物都以某种善为目的。人的每种实践也都有各自的善。有的善是实现另一种善的手段，而有的善本身就是目的。在所有属人的善中，有一种至善。它是内在的、自足的，它就是幸福。真正的幸福既不是享乐，也不是获得荣誉，而是"灵魂的一种合于完满德性的实现活动"①。从这个意义上讲，既然幸福是一种践行德性的活动，那么，只要我们了解了德性的本质，自然也就了解了幸福。《尼各马可伦理学》作为一本伦理学著作，主要就是研究德性的。更为重要的是，这种对德性的研究还有其政治功能。亚里士多德说："真正的政治家，（例如克里特和斯巴达的立法者，以及其他的类似的立法者）都要专门地研究德性，因为他的目的是使公民有德性和服从法律。如果对德性的研究属于政治学，它显然就符合我们最初的目的。"②很显然，研究基于人性（灵魂学说）的"德性本质"是伦理学研究的主要任务。政治学的目的是在政治生活领

---

① [古希腊]亚里士多德：《尼各马可伦理学》，廖申白译，商务印书馆2003年版，第32页。
② [古希腊]亚里士多德：《尼各马可伦理学》，廖申白译，商务印书馆2003年版，第32页。

域研究这种德性的实现方式。为此，政治学会把立法和设计良好的政治制度作为自己主要的研究对象。

在《尼各马可伦理学》最后一卷的最后一部分，亚里士多德谈论的是立法问题。这部分内容可以看作亚里士多德的伦理学和政治学的衔接。在他看来，德性的养成需要一个良好的法律环境。"一个立法者必须鼓励趋向德性、追求高尚的人，期望那些受过良好教育的公道的人们会接受这种鼓励；惩罚、管束那些不服从者和没有受到良好教育的人；并完全驱逐那些不可救药的人。"① 公民的生活需要"有一个共同的制度来正确地关心公民的成长"，而"共同的关心总要通过法律来建立制度，有好的法律才能产生好的制度"②。这意味着，真正德性的实现，或者说在亚里士多德心目中，完满德性的实现，是在城邦层面的实现，而非在公民私人层面的实现，特别是对那些更为重要的德性来说。通过立法建立城邦共同制度是实现德性的最好保障。这样一来，政治生活的目的和功能就是为了人能实现完满的德性。从这个意义上讲，治理国家就有一个道德上的目的。

但在施特劳斯看来，马基雅维利显然认为"德性绝不能被理解为国家为之而存在的东西，相反，德性仅仅为了国家的缘故才存在；政治生活之允当并不受制于道德性；在政治生活之外，道德性是不可能的；道德性预设了政治社会，囿于道德性的界限便无法建立、维护政治社会，理由很简单：结果不可能先于原因，受制于条件者也不可能先行于条件"③。马基雅维利的考虑是务实的。因为把国家政治理解为某种应当如此的理想状

---

① [古希腊]亚里士多德：《尼各马可伦理学》，廖申白译，商务印书馆2003年版，第313页。
② [古希腊]亚里士多德：《尼各马可伦理学》，廖申白译，商务印书馆2003年版，第314-315页。
③ [德]列奥·施特劳斯：《现代性的三次浪潮》，丁耘译，载汪民安、陈永国、张云鹏主编：《现代性基本读本》（上册），河南大学出版社2005年版，第160页。

态是不切实际的。一方面,它会使人们对待政治活动的主要态度不是现实的政治后果,而是臆想的完美国度。其结果是忽略了现实政治的复杂性,往往适得其反。另一方面,现实政治活动所要实现的目的往往是一些实际的目标。实现这些目标的手段和方式往往和政治生活所要追求的道德理想不是一回事。对理想和谐状态的理解肯定不能取代解决现实政治问题的途径。而名义上追求道德但实际上却自行其是的政治活动,最终只会走向伪善。与其这样,还不如使政治脱离道德,专心研究政治活动本身涉及的利益冲突及其协调问题。换句话说,在马基雅维利的眼中,脱离了道德的政治,对道德和政治两者来说,都是有益的。

马基雅维利对政治哲学和神学传统的拒绝,掀起了西方现代性的第一次浪潮。这一浪潮的特质是"将道德问题和政治问题还原为技术问题,以及设想自然必须披上作为单纯人工制品的文明产物之外衣"[①]。施特劳斯在这里提及的技术问题,是由霍布斯在《利维坦》中开始进行的。

(二)政治理论中的现实主义

《利维坦》既是现代政治哲学的开始,也是现实主义政治哲学的开端。在《利维坦》中,霍布斯坚持用一种彻底的唯物主义哲学理解人类社会和人本身。通过这种唯物主义,他把各种超自然现象还原为感性的人类心理活动,对包括神学在内的形而上学一概加以拒斥。这样一来,国家为之存在的理由就不再是某种应当如何的道德理想,也不是由超自然神学加持某种道德理想的形而上学。国家为之存在的理由恰恰在于个体的自我保存。这种自我保存是一种人性的根本,即激情对生命的欲望。激情是

[①] [德]列奥·施特劳斯:《现代性的三次浪潮》,丁耘译,载汪民安、陈永国、张云鹏主编:《现代性基本读本》(上册),河南大学出版社2005年版,第161-162页。

人的本能。当这种激情把生命作为对象时便产生了自我保存的欲望。这种自我保存的欲望为现实主义政治哲学的建构提供了物质基础。从这个意义上讲，现实主义政治哲学不以应该如何的道德理想为圭臬，而是以现实的政治利益为考察对象。唯物主义哲学恰恰给追求这种现实利益的正当性提供了理论基础。因为按照这种理论，如果人在根本上是一种感性的物质存在，如果这种存在就表现为各种感性的物质利益，那么政治活动的根本目的就是要更好地满足这些利益诉求。而在这些利益中，最重要也是最根本的一条就是自我保存。

上述推论是否表明，政治可以完全脱离道德？由此，政治哲学可以完全摒弃道德哲学？这两个问题与霍布斯在政治哲学史上引起的一个转变有关。一个源于施特劳斯的流行观点认为，从霍布斯开始，自然法不再是外在于人的普遍规律，而成为某种自然权利。从政治哲学的角度看，霍布斯带来的这一转变，就是道德哲学在政治哲学中地位的转变。这一转变对道德进入政治的方式产生了深远的影响。

自然法与实定法的关系由来已久。实定法是人为制定的、实际在用的法律。而自然法是实定法的立法根据，是确定各种现实法律之性质与宗旨的最终依据。在自然法的传统形态中，自然法是世间万事万物最终的基本遵循。自然法规定了万事万物的本性。每一种事物因其本性都在自然法中有着各自位置和先后秩序。人在自然法中也有自己的位置。这一位置是由自然法根据人的本性设定的，而非人自己可以创制的。这意味着，自然法是不以人的意志为转移但却可以规定人的意志的客观存在。所以，自然法是外在于人的应然法则。由于人们通常把自然法理解为道德法则，因此，自然法往往就是道德主义政治哲学传统中那些规定理想国家的道德原则。霍布斯的功绩在于，他把对这些道德原则的认识从一种外在于人类意志的状态（立法层面）转化为人与人之间订立契约的道德律。这样一来，自然法就不再是外在于人的意志的普遍客观的道德律，而是由人的意志借助（实践）理性制定的道德律。由此，为道德律提供正当性理由的自然概念，从人在其中的外部自然世界转变为人性内在的自然属性世界。

当然，这一转变过程非霍布斯一人直接完成，而是有前人的铺垫。西塞罗曾通过人类理性可以认识自然法这一观点把自然法和人的意志联系了起来。这为自然法对人来说由外向内的转变开了个头。阿奎那通过对自然法的区分，既在自然法的信仰层面和世俗层面之间架起了桥梁，也为属人的自然法开辟了相对独立的发展空间。但把自然法完全从神学和道德哲学中剥离出来的却是霍布斯。与此同时，这也意味着政治哲学可以完全从神学和形而上学中剥离出来。

在《利维坦》第十四章"论第一与第二自然律以及契约法"中，霍布斯认为，由于"每一个人对每一种事物都具有权利"，因此，"当每一个人对每一事物的这种自然权利继续存在时，任何人不论如何强悍或聪明，都不可能获得保障"，于是就会产生这样一条理性法则："每一个人只要有获得和平的希望时，就应当力求和平；在不能得到和平时，他就可以寻求并利用战争的一切有利条件和助力。"[①] 这两条法则包括两个部分。第一个部分是自然律"寻求和平、信守和平"，第二个部分是自然权利，即利用一切可能的办法保卫自己。在霍布斯看来，自然权利是"每一个人按照自己所愿意的方式运用自己的力量保全自己的天性——也就是保全自己的生命——的自由。因此，这种自由就是用他自己的判断和理性认为的最合适的手段去做任何事情的自由"[②]。而自然律是"理性所发现的诫条或

[①] [英]霍布斯：《利维坦》，黎思复、黎廷弼译，杨昌裕校，商务印书馆1985年版，第98页。

[②] [英]霍布斯：《利维坦》，黎思复、黎廷弼译，杨昌裕校，商务印书馆1985年版，第97页。

一般法则。这种诫条或一般法则禁止人们去做损毁自己的生命或剥夺保全自己生命的手段的事情,并禁止人们不去做自己认为最有利于生命保全的事情"①。由此可见,在霍布斯看来,自然权利实际上是一种自主要求。这一要求包括两个方面:一方面,这一自主要求的根源与核心是保全生命。保全生命为这种自主要求确立了一种自由价值。另一方面,实现这一自主要求的根本条件是人的理性能力。自然律并没有越出自然权利所划定的范围,而是可以进一步看作自然权利派生的东西。因为自然律是人类理性的产物,也就是人类运用理性在行使自然权利时的产物。自然律的根源与核心同自然权利一样是保全生命。

但与施特劳斯的理解有所不同的是,在笔者看来,霍布斯并没有用自然权利取代自然法,即人取代自然、权利取代法。因为自然权利并没有消解自然法。不是人取代了自然,而是人把外部自然内部化了。从这个意义上讲,也不是权利取代了法,而是法从人为之存在、不受人控制的外界普遍规则转变成了因人而立、人为建立的内部一致性规则。据此,笔者认为,霍布斯开启的现实主义政治哲学并不用像威廉姆斯强调的那样,要尽可能地脱离道德哲学。至少在霍布斯的政治哲学中,与道德主义政治哲学相比,以自然法形式存在的道德律只不过换了地位,并没有被完全剥离。正是从这一点出发,笔者并不认同威廉姆斯政治哲学的现实主义立场。

拉莫尔在一篇《什么是政治哲学?》的文章中指出,道德主义政治哲学描绘的政治画面不适合现代社会。道德主义政治哲学使政治生活委身于一种道德理想,势必会借助道德想象力设计一种理想的政治生活方式。然而,政治生活更应该关心复杂的利益冲突,找到解决利益冲突的办法。更为重要的是,现代社会持有一种开放的多元主义文化。人们不可能在哪

---

① [英]霍布斯:《利维坦》,黎思复、黎廷弼译,杨昌裕校,商务印书馆1985年版,第97页。

种善是至善、何种权利最为重要这些问题上达成一致意见。因此，现代国家实际上不可能在某种一致认同的道德理念的指导下安排政治生活。从这个意义上讲，道德主义政治哲学在现代社会是没有政治土壤的。更适合现代社会、更务实可行的政治哲学应当更倾向于现实主义的画面。在这种现实主义的政治生活中，我们无须委身于某种道德理想，无须苛求某种一致同意的道德原则，我们需要的是一套处理复杂利益冲突的协调程序。在这个程序中，最重要的概念是合法性（legitimacy），以及在这种合法性基础上形成的政治权威（political authority）。有了建立在合法性基础上的权威，政治生活就有了行使权力的正当性。因此，如果说道德主义政治哲学的核心概念是正义，那么，现实主义政治哲学的核心概念就是合法性。这是两种不同的政治画面。①

但在拉莫尔看来，威廉姆斯提出的政治哲学的现实主义立场是偏激的。他虽然觉得道德主义政治哲学为我们描绘的政治生活画面在现代社会行不通，但他也不认为政治哲学要像威廉姆斯坚持的现实主义那样竭力排除道德。他认为，这两者并非非此即彼的关系，健全的政治哲学应是两者的结合。在他看来，虽然把建立在BLD基础上的合法性当作政治哲学的核心概念不无道理，但合法性概念和某种道德意义上的正义概念并不矛盾。或者更进一步说，合法性概念当中一定包含着某种正义概念。因为至少在以下两个方面，合法性概念需要某种正义概念提供合理性论证：一方面，合法性概念本身只有和一定的道德原则结合起来才能成立。拉莫尔说道："如果政治社会要靠某种权威的秩序协调社会冲突，如何才能使这一秩序'有权威'？直接的答案就是，如果它在社会成员的眼中能有合法性，也就是说，这些社会成员都把它看作正当的，这一秩序就是有权威的。但

---

① See Charles Larmore, "What is Political Philosophy", *Journal of Moral Philosophy*, 10, 2013, pp. 282-286.

现在的问题是，如果不能说明合法性规则的正当性，不能说明合法使用权力的正当性，不诉诸可以规定独立有效的政治秩序之应有形式的正义概念，任何政治体制都能确保它的合法性概念能被很好地理解？我认为并不会。"① 这意味着，即便合法性概念可以取代单纯的道德概念，即便是合法性概念本身，也需要借助道德上的正义概念才能成立。合法性概念自身包含着正义概念的成分。另一方面，如果说对合法性概念的说明是确立权威的过程，在确立这一权威的过程中离不开某种道德要素，那么，当这个权威在运用权力的时候，这种运用也离不开某种合理性论证。很显然，在这种合理性论证中，必然要借助一定的道德原则。

正是立足上述两个方面，拉莫尔认为，尽管政治哲学关注的是基本的、持续的现实，而非决定治理我们共同生活的原则是什么，但我们对那些现实的理解和判断也离不开道德原则。政治哲学的自治虽然不再是一种道德哲学的应用伦理学，不再把道德原则当作自己的核心概念，但这并不意味着自治的政治哲学不需要道德原则的参与。从这个意义上讲，政治哲学离不开道德哲学。人类公共政治生活也必然包含着道德的部分。

第二节 黑格尔的法哲学与马克思的伦理学[②]

尽管拉莫尔认为自治的政治哲学必然带有不可或缺的道德成分，但

---

① See Charles Larmore, "What is Political Philosophy", *Journal of Moral Philosophy*, 10, 2013, pp.290.

② 部分内容发表于《"大马伦"与"小马伦"：马克思主义伦理学研究的两个概念》，载吴付来主编：《马克思主义与伦理学》（第1辑），社会科学文献出版社2020年版。

他始终反对道德主义的政治哲学。这是因为，在他看来，在一个多元的、相对主义盛行的现代文化氛围中，我们不可能一致同意由某种道德理想指引政治生活。实际上，这是当代绝大部分西方政治哲学家的一个共识。他们之所以会持这种观点，主要基于他们对当代西方文化的研判。这一共识其实也就是当代西方文化的现状。泰勒在一本描摹当代西方社会文化的书《本真性伦理》中就认为，现代西方文化有三个隐忧，分别是个人主义、工具理性主导、低落的政治参与。这三个隐忧严重阻碍了当代西方政治生活的发展。在他看来，现代西方自由主义政治文化源自卢梭的自主自由概念。这一概念既可以发展出积极健康的一面，也可以发展出消极有害的一面。但从西方现代文化发展走向来看，这一概念正在滑向消极有害的一面。泰勒这本书1991年首先在加拿大出版，是由泰勒在加拿大CBC公共广播电台对公众的演讲整理而成。他发表的这一通言论，是对西方社会文化撕裂之痛的有感而发。在他看来，只有不断开发重要的公共性视野，不断在对话和文化交往中重塑人们对同一性的自我认定，才能走出现代西方文化的痼疾。

相比之下，中国的政治哲学传统恰恰是某种道德主义的，但又不同于西方政治哲学传统中理解的道德主义。在笔者看来，正因为有这种特别的道德主义政治哲学传统，中国才没有陷入个人主义和相对主义的文化泥潭，而是走出了一条别具一格的现代政治道路。从政治哲学的角度理解这一政治道路，离不开两个相互依存的方面：一个是通过马克思主义中国化带入的西方现代性，一个是中国传统德治文化在这种现代性中的延展。实际上，这两个方面已经结合成一种新的政治哲学文化，只不过，这种文化还没有在理论上得到很好的解释。笔者认为，要理解这一新的政治哲学文化，应当从马克思主义伦理学切入，而这个马克思主义伦理学包含政治哲学。这一马克思主义伦理学不仅继承了霍布斯以来西方政治哲学的现实主义传统，也因对这一传统的深刻批判发展出区别于这一传统的现代路向。而正是这一新的路向，为中国德治传统的现代延展提供了理论的指导。因此，认真对待马克思主义伦理学，是理解当代中国政治体制及其文化特性的前提和基础。但是，要深入理解马克思主义伦理学，就不能忽视对黑格尔法哲学的研究。因为正是黑格尔的法哲学为马克思提供了批判现代西方主流政治文化传统的价值立场和辩证法。从这个意义上讲，不理解黑格尔的法哲学，就不能理解马克思的伦理学。因此，在接下来的部分，我们将首先考察黑格尔的法哲学以及它和马克思伦理学的关系。

（一）黑格尔的法哲学

黑格尔的法哲学既包含道德哲学，也包含政治哲学。在他看来，我们通常所说的道德是一种主观善的法的形式即道德法。但伦理法是比道德法更加高级的法的形式，是一种主观善和客观善（抽象权利）相统一的法的形式。由于伦理法是伦理共同体的法的形式，而政治国家是最大的伦理共同体，因此，国家法就是伦理法的最高形式。这样一来，研究国家法的政治哲学自然就属于黑格尔意义上的法哲学。所以，在黑格尔那里，道德哲学和政治哲学都是法哲学在某个发展阶段上的一种形式。

道德法也好，伦理法（如在市民社会中的私法和国家法）也罢，这些法的形式只不过是自由意志活动的结果。自由意志在活动过程中形成了不同的发展阶段，因此就有了不同阶段上的法的形式。在阐述意志立法的不同阶段之前，尤其值得一提的是，黑格尔通过把"自由"和"意志"绑定在一起的办法①,为整个基于意志立法的过程奠定了一个具有实体意义的先验价值基础,即独立自存的自由概念。这个抽象的自由概念起初是自在的,但由于它的本性是追求"希求自由意志的那自由意志",因此,它依循本性的自在活动同时就是追求自由的自为活动。这样一来,各种形式的法作为意志活动的结果就都是为了追求自由,从而法的灵魂即概念就是自由。一切和法相关的活动都是为了实现自由。各种基于法的概念制定的具体的实定法(各种法律)就是自由的定在。而"定在+概念"就是所谓的理念。所以黑格尔说:"任何定在,只要是自由意志的定在,就叫作法。所以一般说来,法就是作为理念的自由。"②

那么,作为自由的理念的法是如何发展的呢?在黑格尔看来,"自由的理念的每个发展阶段都有其独特的法,因为每个阶段都是在其特有各规定中之一的那自由的定在。当人们说道德、伦理跟法是对立的,这时所谓法系单指抽象人格的最初的形式的法。道德、伦理、国家利益等每个都是独特的法,因为这些形态中的每一个都是自由的规定和定在。只有当它们在同一条线上都要成为法时,它们才会发生冲突。假如精神的道德观点不同时是法,不同时是自由所表现的形式之一,那末这种自由无论如何不会同人格的法或其他的法发生冲突的,因为法包含着自由的概念,即精神的最高规定,与此相比,任何其他东西都是缺乏实体的。但是冲突同时

---

① "谈到意志自由,令人想起从前的认识方法,那就是把意志的表象作为前提,试图从这表象得出意志的定义并把它确定下来。……但是与其采用这种方法,还不如直截了当地把自由当做现成的意识事实而对它不能相信,来的更方便些。"[德]黑格尔:《法哲学原理》,范扬、张企泰译,商务印书馆1961年版,第10-11页。黑格尔否定一切通过外在因素确立意志自由的做法,包括选择自由。因为选择自由也是通过选择对象这个外在因素得以确立的,这也是一种不自由。黑格尔的做法是把自由理解为完全内于意志的最根本的规定性。这意味着,意志就是自由意志,不自由的意志不能称其为意志。

② [德]黑格尔:《法哲学原理》,范扬、张企泰译,商务印书馆1961年版,第36页。

包含着这另一个环节，即冲突是受到限制的，于是一种法是从属于另一种法的"①。这意味着，道德、伦理、国家利益都是作为自由意志存在的人在追求和实现自由过程中的产物。自由是道德、伦理、国家利益的实体和概念，实际存在的道德规范、私法（伦理法）、国家法（伦理法）等等，都是追求和实现自由的不同形式的法。更为重要的是，道德、伦理、国家利益之间在同一条追求和实现自由的道路上必然产生冲突，因此就会有伦理法高于道德法、国家法高于私法的情况。现实地说，这是黑格尔理解特殊利益与整体利益对立统一关系的独特方式。在他看来，两者之间必然会产生冲突，解决冲突的最高根据在于自由概念，具体办法"在于扬弃主观性和客观性之间的矛盾而使它的目的由主观性变为客观性，并且即使在客观性中同时仍留守在自己那里"②。

那么，作为自由意志不同发展阶段上的法的形式，道德法和伦理法之间是什么关系呢？在黑格尔看来，对于抽象法（权利）而言，道德是一种进步，是把抽象的自由概念在人的主观层面现实化的阶段。它的进步意义在于，人通过对抽象自由概念的现实化，成为真正的主体，切身地感受到"留守在自己那里"的自由。于是，那种抽象法（权利）就真正变成了"我的原则"和"我的法"。在这里，主体在实现抽象自由概念的同时也把这种抽象的自由概念理解为真正的普遍意志的产物。这样一来，"我的原则"和"我的法"就成了普遍意志所确立的法的形式。而作为"我的原则"和"我的法"存在的"我的良心"就成了意志立法的最终根据（这是黑格尔对康德伦理学的理解）。但问题在于，"人都意愿别人对他按他的自我规定来做出评价，所以不问各种外在的规定怎样，他在这种关系中是自由的。人在自身中的这种信念是无法突破的，任何暴力都不能左右它，

---

① [德]黑格尔：《法哲学原理》，范扬、张企泰译，商务印书馆1961年版，第37-38页。

② [德]黑格尔：《法哲学原理》，范扬、张企泰译，商务印书馆1961年版，第36页。

因此道德的意志是他人所不能过问的。人的价值应该按他的内部行为予以评价，所以道德的观点就是自为地存在的自由"①。这意味着，道德虽然是自由概念的实在方面，是自由概念真实的实现，但这种实在和实现还只停留在主观性层面。把善恶评价的最终根据交给原则化的个人良心，实际上是把普遍意志限定在主观性中了。简单地说，在现实生活中，经常会出现个人良心认为是对的东西却在客观上是错的东西。因此，道德意志需要上升为伦理意志，作为主观意志法的道德需要上升为主观意志法和客观抽象法相统一的伦理法。但这种上升并非是刻意而为之。在黑格尔看来，只有在现实的伦理共同体当中，才可能理解并实现这种上升。脱离了伦理共同体，单纯地谈抽象法的客观性和主观意志立法的普遍性都是片面的、不现实的。不过，需要强调的是，道德法这个阶段是法的理念发展过程中不可或缺的环节。它是自由概念的实在方面和现实化。它不仅在现实的意义上确立了主体及主体自由，它对主体的历练同时也为更高级的伦理法的实在化和现实化打下了基础。简单地说，即使在伦理法阶段，法的行为也是通过主体表现出来的，看上去就和道德法是通过主体表现出来的情形没什么分别。但事实上，前者是伦理（普遍）意志下的结果，而后者是道德（特殊）意志下的结果。

现在我们知道，道德是普遍个体②的意志的法的形式，而伦理是共同

---

① [德]黑格尔：《法哲学原理》，范扬、张企泰译，商务印书馆1961年版，第111页。
② 无论是抽象法还是道德法，立法的那个意志并非是私人意志，而是被抽象化理解的每个人都会拥有的个体意志，所以我们称其为普遍个体的意志。从这个意义上讲，这种意志也可以形成普遍意志，因为那是人之为人所共有的东西，是脱离了现实个体的偶性而在所有个体意识中都必然存在的共性的东西。因此，由普遍个体意志立的法，就自然具有普遍性和客观性。黑格尔看出了这种抽象个体意志立法的片面性，所以他要用现实的伦理意志来取代这种抽象的个体意志。但由于他虽然领会到了法在意志层面的现实性，却不知道这种现实性究竟从何而来，因此也就逃脱不了通过意识哲学设定现实性的窠臼。

体（家庭、市民社会、国家）意志的法的形式。我们同时知道，道德法需要上升为伦理法，而国家法是伦理法的最高阶段。这意味着，只有在国家法的层面，才能最终实现自由，才能最终解决特殊利益和普遍利益的冲突。因为"国家的目的就是普遍的利益本身，而这种普遍利益又包含着特殊的利益，它是特殊利益的实体"①。"国家是绝对自在自为的理性的东西，因为它是实体性意志的现实，它在被提升到普遍性的特殊自我意识中具有这种现实性。这个实体性的统一是绝对的不受推动的自身目的，在这个自身目的中自由达到它的最高权利，正如这个最终目的对单个人具有最高权利一样，成为国家成员是单个人的最高义务。"②这意味着，国家作为实现自由概念最具体也是最终的现实，是在根本上协调法的不同形式和利益冲突的地方。国家意志作为伦理意志的最高级形式，是确立道德法和伦理法的最终根据。因此，国家法是在和它一个序列上的各种法的准绳。③至于黑格尔最后牵强附会地把国家法的理想形态说成是君主立宪，把国家意志的理想人格说成是王权，我们在此就不赘述了。马克思在《黑格尔法哲学批判》中有专门针对这部分内容的详尽分析和严厉批判。

　　行文至此，我们已经可以形成下列判断：由于道德法和国家法（伦理法）都是作为自由理念的法的一种形式，所以，研究道德法的道德哲学和

---

① [德]黑格尔：《法哲学原理》，范扬、张企泰译，商务印书馆1961年版，第269页。
② [德]黑格尔：《法哲学原理》，范扬、张企泰译，商务印书馆1961年版，第253页。
③ 从这个意义上讲，政治哲学要比道德哲学更加高级。因为政治哲学是在普遍利益的基础上理解善恶问题并引导人们的行为，而道德哲学是在特殊利益的基础上理解善恶问题并指导人类行为。通俗地说，言下之意是公德要高于私德。这是一种共和主义的政治哲学传统，即认为人只有通过思考并实践共同善和普遍利益的方式才能实现真正的自由或过上良好生活。

研究作为伦理法之国家法的政治哲学都是法哲学的一部分，因此都属于法哲学。但更为重要的是，黑格尔为什么会强调伦理法要高于道德法呢？他又为什么要把法的概念理解为自由呢？这其中有黑格尔针对市民社会的现实观照。黑格尔在导言中对自由概念的论述集中围绕着一个立场，即自由最终不是在个体的道德层面实现的，而是在共同体的伦理层面实现。伦理法高于道德法的现实意义在于，市民社会中原子个人主义式的自由是一种文化的扭曲现象，必须加以改进。这一改进的方向并不会使立足个体的道德法与立足共同体的伦理法之间产生根本冲突。因为它们都只不过是自由概念的一种定在形式而已。它们会在自由概念的自我发展中对彼此得到融贯性理解。在笔者看来，黑格尔的法哲学既是德国古典哲学的集大成和发展顶峰，也是最早在理论上反思由康德开创的自由主义传统并做出回应的第一次尝试。从这个意义上讲，马克思也与黑格尔一样，既是这一传统的继承者，同时也是这一传统的批判者。这一观点，笔者将在下一章集中展开讨论。现在，笔者将说明黑格尔的法哲学对马克思伦理学的影响。

（二）从黑格尔到马克思：在法哲学与伦理学之间

谈论这一问题的过程，就是在马克思恩格斯伦理学的意义上扬弃法哲学概念的过程。总的说来，马克思恩格斯的伦理学虽然也是一种法哲学，但他们的法哲学并不像黑格尔那样建立在自我意识哲学的基础上，而是建立在社会伦理学的基础上。在更为基础的层面上说，为黑格尔意识哲学奠基的是形而上学，为马克思恩格斯社会伦理学奠基的是社会学，而为社会学奠基的是政治经济学。从这个意义上讲，"小马伦"就是由社会伦理学和包括道德哲学与政治哲学在内的法哲学组成。① 而这个社会伦理学替换的就是传统法哲学里的自我意识哲学。在笔者看来，要讲清楚这个关系，首先需要说明这个"多出来"的社会伦理学究竟是什么以及社会伦理学替代自我意识哲学的伦理学意义。

这个社会伦理学的概念是从黑格尔的市民社会里发展来的。市民社会的出现是一个现代性事件，是传统的社会结构中所不曾出现的一个社会场域。严格说来，在市民社会尚未出现之前，主要只有家庭和国家这两个场域，根本还没有现代意义上的"社会"这一概念。"社会"作为一种场域是由现代工业文明造就的、从家庭和国家中分离出来但又不同于前两者的独特社会领域。因此，这就不难理解，传统的思想家其实根本就不会谈论什么真正的社会问题，而只有家庭问题或者国家（政治）问题。由于家庭被理解为纯粹的私人领域，因此，传统社会的公共性问题主要指的就是政治问题。这样一来，解决公共问题的最终途径和最后场所必然就是国家。因此，国家总是根本目的。实事求是地说，人们有时候很难对身处其中的现实社会有清晰的理解，就更不用说能轻易地看清社会结构发生的重大变革了。历史地看，当市民社会已经随着现代工业文明的发展登上历史舞台的时候，很多思想家对此并不敏感。他们并没有形成一种对正在发生变化的社会结构的新认识。18世纪法国唯物主义以及受其影响的19世纪英法社会主义和共产主义虽然感受到工业文明对传统社会的冲击，并在各自的理论中有所回应，但他们的反应依然是表面的、消极的、不得要领的。他

---

① "小马伦"和"大马伦"是笔者在研究马克思主义伦理学的过程中提出的概念。"小马伦"是对马克思恩格斯伦理思想（伦理学）的简称，包括道德哲学、政治哲学和社会伦理学。"大马伦"是"小马伦"的延伸，即马克思主义伦理思想（伦理学）研究。这种延伸至少包含以下两个方面：（1）马克思恩格斯没有明确提出，但的确可以从他们的立场、观点和方法中推断出的伦理思想和伦理学研究；（2）从社会主义现实出发得出的一些可以被归结为具有马克思主义性质的伦理思想和伦理学研究。

们依然把建立理想国家当作解决一切问题的根本途径。从这个意义上讲，黑格尔把市民社会列为伦理共同体的三个环节之一，说明他已经意识到市民社会的出现是现代工业文明对社会结构的重大调整，是了不起的创举。但遗憾的是，由于他没有形成一套正确的社会理论，因此，他就不能真正理解现代市民社会出现的历史原因，所以，他就只能借助自我意识哲学的思辨形式去演绎社会的现实发展过程，也就自然跳不出"国家才是根本目的"的窠臼。

马克思恩格斯世界观革命的重要一环就是在政治经济学批判的基础上颠倒了市民社会和国家的法哲学关系。在这个过程中，他既批判了黑格尔，同时也受到黑格尔的启发。马克思有一段经典的话描述了一个变化过程："法的关系正像国家的形式一样，既不能从它们本身来理解，也不能从所谓人类精神的一般发展来理解，相反，它们根源于物质的生活关系，这种物质的生活关系的总和，黑格尔按照18世纪的英国人和法国人的先例，概括为'市民社会'，而对市民社会的解剖应该到政治经济学中去寻求。"[①] 如果我们仔细分析就不难发现，这段经常被引来表述马克思的思想向历史唯物主义转变的话，恰恰是通过法的关系来表述的。换句话说，当马克思说"国家不是根本目的""不是国家决定市民社会""而是市民社会决定国家"这些话的时候，他实际是在说市民社会的法才是决定国家形式的东西。而这个市民社会的法又是什么呢？这些法当然也是意志的体现，但这个意志不是自我意识哲学抽象出来的单个人固有的意志，而是在现实的经济关系中由利益关系左右的意志。

不难看出，这是一种对法哲学基础的置换，从根本上讲是把法哲学的基础从自我意识哲学置换成社会学。对于这种置换的本质，马克思恩格

---

① 《马克思恩格斯选集》（第2卷），人民出版社1995年版，第32页。

斯在《德意志意识形态》中曾精辟地论述道："生产力、资金和社会交往形式的总和，是哲学家们想象为'实体'和'人的本质'的东西的现实基础，是他们加以神话并与之斗争的东西的现实基础，这种基础尽管遭到以'自我意识'和'唯一者'的身份出现的哲学家们的反抗，但它对人们的发展所起的作用和影响却丝毫也不因此而受到干扰。"[①] 这句话虽然是从历史唯物主义的角度谈世界观革命的社会学价值，但却有着非比寻常的伦理学意义。因为"自我意识""实体""人的本质"这些意识哲学的内容恰恰就是传统伦理学的基础，是意志立法的前提。从这个意义上讲，意志立法的现实性并不是从固有的意志出发设定的东西，因为意志本身反而是需要被现实解释、说明的东西。解释、说明意志现实性的东西不是别的，恰恰就是马克思恩格斯在这句话里提到的"生产力、资金和社会交往形式的总和"。这意味着，法的关系中所体现的意志关系，不是意志关系本身的产物，而是受生产力、资金和社会交往形式决定的利益关系的产物。熟悉马克思主义理论的人或许马上就能联想到恩格斯在《反杜林论》中讲的那句被经常用来阐述道德本质的名言："人们自觉地或不自觉地，归根到底总是从他们阶级地位所依据的实际关系中——从他们进行生产和交换的经济关系中，获得自己的伦理观念。"[②] 尤其值得一提的是，恩格斯在这本书里就是在"道德和法"这个标题下讲伦理道德问题的，用的就是这种建立在政治经济学基础上的社会学重新解释了传统的伦理学的三个核心议题：永恒真理、平等、自由与必然。所以，正如黑格尔说法哲学是法的科学一样，马克思恩格斯显然也认为法哲学是法的科学。但这个科学不是黑格尔理解的从抽象的人类精神出发的意识哲学，而是从实证的政治经济学出发的社会学。因此，马克思恩格斯实际上并没有放弃从法（意志）的角

---

① 《马克思恩格斯文集》（第1卷），人民出版社2009年版，第545页。
② 《马克思恩格斯选集》（第3卷），人民出版社1995年版，第434页。

度谈论道德和伦理问题，但由于理解法（意志）的基础发生了转换，包含道德哲学和政治哲学在内的法哲学的基础就发生了转换。

所以，我们说马克思主义伦理学可以内涵政治哲学就是从黑格尔的法哲学引来的观点。因为马克思恩格斯都说过：黑格尔的法哲学就是他的伦理学。在笔者看来，这句话虽然是在讲法哲学与伦理学的黑格尔式关系，但在某种程度上也反映出马克思恩格斯对法哲学与伦理学关系的理解。其实，从马克思在众多场合的表述来看，如果他真的写一部伦理学著作，很有可能就是黑格尔法哲学的样貌。例如，马克思有一句广为人知的描述自由概念的话叫"每个人的自由发展是一切人自由发展的前提"。其实，这句话是对黑格尔伦理法最精到的表述。在自由人的联合体中，每个人都是自由的，联合体本身是正义的。这也是黑格尔对伦理法的描述。自由人的联合体在黑格尔那里就是伦理共同体。在伦理共同体中，个体自由和共同体的正义处在一种和谐的关系中。所以说，马克思也是推崇自由的，也认为个体自由的实现要借助现实的伦理共同体。他对个体与共同体关系的理解和黑格尔对伦理法的理解具有很深的渊源和承继关系。但与黑格尔有所不同的是，他说的那个自由是基于社会劳动的自主生产概念，而不是自然法的设定，且最根本的实现自由的伦理共同体不是国家，而是生产组织。总之，马克思的确也是通过自由这个概念贯通个体与共同体之间的关系的。马克思的政治哲学和道德哲学在这一点上有着高度的统一性。

不过，说到这里，或许有人会问，那既然这样，为什么不直接叫马克思主义法哲学呢？因为在笔者看来，这里有两个特别重要的点可以说明用马克思主义伦理学要比马克思主义法哲学更好。第一点，马克思主义理论是与西方源自自然法传统的法哲学格格不入的。我们说，黑格尔虽然也强调从现实的伦理关系看待善恶问题，但终究也是从抽象法发展来的。抽象法就是抽象权利，而这个抽象权利是自然法设定的东西。所以《法哲学原理》还有一个副标题叫"自然法和国家学纲要"。也就是说，那些现实的伦理也是某种超现实的自然法的设定和展开。这是黑格尔哲学的内在矛盾，即一方面推崇现实，另一方面又把现实看作概念的设定。他之所以能做到这一点，主要是通过"后验先验化、先验概念化、概念现实化"的三重手法。显然，马克思没有这种基于自然法的先验设定。也就是说，马克思主义理论与西方的自然法理论不是一个路子。这样一来，用马克思主义法哲学就会引起某些误导。第二点，马克思主义理论强调从现实的社会关系出发理解人的本质。从伦理学上讲，也就是从现实的伦理关系的角度理解人的伦理道德问题。这和中国伦理学从现实的人伦关系出发探究人伦之理的思路是契合的。"伦理"这个词是中国伦理学所特有的，同时也反映出马克思主义理论在善恶问题上的研究思路，可以更好地、更贴切地反映马克思主义伦理学的精神实质及其精髓。这种关联为构建中国特色社会主义的伦理学提供了富有极大想象空间的打开方式。综合以上两点，我们认为，用马克思主义伦理学要比用马克思主义法哲学更好、更有前途。但我们并不否认，我们所理解的马克思主义伦理学又是从法哲学的形式中变化发展出来的，是对后者的结构化升级改造。

需要澄清的是，笔者在这里不是说所有的道德哲学和政治哲学都要按照黑格尔的这种方式结合起来。而是说，在马克思主义这里，我们有理由相信，两者是可以而且应当结合起来的。严格说来，我们可以把马克思主义伦理学分成三个组成部分：道德哲学、社会伦理学、政治哲学。马克思主义伦理学没有作为形而上学的道德哲学部分，所以道德哲学在马克思主义伦理学这里可转变为一种具有方法论性质的道德推理理论。社会伦理学也是马克思主义伦理学的重要组成部分。社会伦理学研究各种各样的社会伦理关系，而对这些社会伦理关系的研究主要落在当前应用伦理学的领域。当这些应用伦理学研究面向实践的时候，就是和职业伦理联系在了一起。从这个意义上我们可以说,应用伦理学是社会伦理学的"研究面",而职业伦理学就是社会伦理学的"建设面"。它们所构成的"一体两面"的研究格局或将成为马克思主义伦理学研究的主体部分。这也体现了马克思主义理论面向现实、面向实践的品质。如果我们对社会伦理学有一个总体上的把握,那么这种社会伦理学也就变成了一种现实的政治哲学。通过前面对马克思主义伦理学的讨论,我们有理由认为,马克思主义政治哲学可以是一种具有顶层设计性质的理论,而在这种顶层设计中,我们可以讨论道德价值的作用,如社会主义核心价值观。这是一种自上而下的方式。但与此相对的是,我们还有一种从社会伦理学上升到政治哲学的自下而上的方式。在笔者看来,这两种形式的汇聚,才是最为重要的。因为这两个维度给我们提供了看待社会伦理学与政治哲学各自属性的参照物。而在所有关于社会伦理学与政治哲学的讨论中,道德哲学作为一种方法论和推理技巧,是无处不在的。

第二章 马克思主义伦理学：一种现代伦理治理理论

理解当代中国伦理治理现代化的理论基础是马克思主义伦理学。这一马克思主义伦理学包含道德哲学、社会伦理学和政治哲学三个部分。它的核心概念是自由。这一自由概念既继承了启蒙自由主义传统，也批判并超越了这一传统。作为一种现代治理理论，这一马克思主义伦理学为西方现代治理文化与中国德治传统的结合提供了理论基础。下一章，笔者将集中讨论中国传统德治文化与这一马克思主义伦理学的关系。在这一章，笔者主要讨论这一伦理学的核心内容：马克思恩格斯的伦理学。

第一节　马克思恩格斯伦理学的"破"与"立"①

1845年春，马克思在笔记中写下了被恩格斯誉为"包含着新世界观的天才萌芽的第一个文献"——《关于费尔巴哈的提纲》。一年之后，两人合作写就了《德意志意识形态》，第一次正面系统地阐述了历史唯物主义，完成了具有划时代意义的世界观革命。在笔者看来，马克思恩格斯的世界观革命对伦理学来说也具有划时代意义。伦理学不但深度参与了两人的思想变革，同时也在这个变革过程中变革了自身。② 概括地说，这个变革可以被描述为：伦理学从基于形而上学的法哲学转变为基于社会理论（政治经济学+社会主义和共产主义学说）的社会伦理学。从思想史的角

---

① 部分内容发表于《从法哲学到社会伦理学：马克思世界观变革中的道德图景》，载《马克思主义与现实》2020年第1期。
② 马克思的世界观革命自带着伦理学变革。"自带"这个词在这里有双重含义：其一，伦理学变革是世界观革命的随附性事件。也就是说，世界观革命必然伴随着相应的伦理学变革。其二，世界观革命中有作为潜在背景的价值基础，即自由。世界观革命以自由这个道德价值为潜在背景，自由同时也因世界观革命产生出新的意义。

度看,这个变革不是一蹴而就的,从撰写《1844年经济学哲学手稿》到完成《德意志意识形态》,其间大约经历了3年时间。从逻辑演变的角度看,这个变革经历了三个环节:一是通过对思辨哲学的批判,破除了传统伦理学的形而上学基础;二是通过阐述18世纪法国唯物主义与19世纪英国、法国共产主义的关系,指明了道德的基础是"正确理解的利益";三是借助政治经济学的社会分析,确立了经济利益与社会道德的伦理关系。这三个环节环环相扣,既是马克思恩格斯世界观革命的必经之路,也是两人革新伦理学的必要条件。

(一)对思辨哲学的批判:反形而上学的伦理学意义

马克思反对的思辨哲学是那种"用'自我意识'即'精神'代替现实的个体的人"[①]的思辨唯心主义。如果我们把关于前者的理论称作"抽象的人道主义",那么关于后者的理论就是"现实的人道主义"。[②] 从近代哲学的鼻祖笛卡尔开始,作为"抽象的人道主义"的形而上学和作为"现实的人道主义"的唯物主义就一直处在一种孪生对抗的关系之中。至少在1843年之前,马克思是"抽象的人道主义"的积极拥护者。从1844年开始,马克思逐渐转向"现实的人道主义",并最终在政治经济学批判的指引下开创出新的唯物主义即历史唯物主义。对思辨哲学的批判就是这一转向的开始。历史地看,"抽象的人道主义"和"现实的人道主义"代表了两种不同范式的"人的理论",分别是近代以来一切有关法、国家、政治、历史的主流理论赖以建立的基础。而伦理学不仅是"人的理论"的核

---

① 《马克思恩格斯文集》(第1卷),人民出版社2009年版,第253页。
② "抽象的人道主义"和"现实的人道主义"都是马克思经常使用的术语。除此之外,马克思还使用过"理论上的人道主义""实践的人道主义""积极的人道主义"。"人道主义"这个术语主要出现在马克思的早期文本中,多指和宗教神学对立意义上的关于人的理论。

心内容,也是所有建立在"人的理论"基础上的法学、国家学、政治学、历史学的核心议题。因此,如果说马克思的世界观革命就是对这种"人的理论"的范式转换,它不可能不对伦理学产生翻天覆地的影响。

从伦理学上讲,马克思对思辨哲学的批判也是对源自德国古典哲学的道德形而上学的批判。这种道德形而上学由康德建立,中经谢林和费希特,在黑格尔那里取得了完备的形态,但被布鲁诺·鲍威尔带入了扭曲的极端样式。这种道德形而上学有一个基本的理论范式:在作为实体的"自我"里,有一个被称作意志或实践理性的部分专门指导人的行为。这个实践理性和意志可以通过自身的活动确证人的自由。确证的基本方式就是"意志立法",即从实践理性和意志自身出发制定具有普遍约束力(康德)或一定约束力(黑格尔)的行为法则。研究这些法则的形式规定、形成过程和基本内容的理论(意志或实践理性是如何立法的学问)就是作为道德哲学的伦理学。这种"意志立法"的伦理学不仅适用于个人,也可以作为基础理论和根本方法适用于"人的社会"(因为社会可以是由每个通过实践理性或自由意志进行立法的人组成的),主要涉及人的政治生活,特别关系到法学和国家学。因此,在这个理论范式中,包括法学和国家学在内的政治学其实是一种应用伦理学,即把"意志立法"运用到公共生活领域的伦理学。需要特别加以说明的是,这里的政治学也是建立在作为道德哲学(形而上学)的伦理学基础上的,因此,我们也可以把它理解为一种形而上学的政治哲学以区别于现代意义上的所谓政治科学(political science)。而这样的伦理学和政治学其实就是一种形而上学的法哲学。黑格尔的《法哲学原理》就是对这套理论范式的全面总结。

不难看出,这套理论范式有如下几个关键点:(1)它有一个作为独立本质存在的"自我"(self)概念。这个"自我"概念回答了形而上学的两个根本问题(自我是"作为存在的存在"和自我是"是其所是"的实体),是"人的理论"的根基。无论这个"自我"中包不包含人的感性部分,"自我"在本质上始终是一种精神性存在。这意味着,人在本质上始终是一种精神性存在。(2)据此,伦理学的最终根据、原因、出发点、基础、形式都将源自这个"自我",尤其源自"自我"中专门和行为打交道的实践理性或意志。因此,伦理学由"意志"确立,受"意志"决定,靠"意志"实现。显然,由于受这种自我型形而上学的宰制,伦理学将不可避免地建立在抽象的意志个体主义的基础上。(3)这种作为形而上学的伦理学不仅在理论上确立了前所未有的可以为每个人所拥有的"自由"权利,同时也把这种权利的实现和人的行为联系起来(但这种自由的确立和实现因理论本身的局限还只是停留在观念层面)。历史地看,这种形而上学的伦理学开创的两点(自由的确立与实现)是具有进步意义和积极效果的。它对西方世界自启蒙以来的社会建制和改革产生了深远的影响。也正是从这里开始,自由第一次在理论上被确立为人道主义的核心概念。(4)把自由的确立和实现与人的行为联系起来的处理方式发展了法的概念。无论是自然法、道德法、伦理法、实定法等等,它们都是在不同层次、不同领域对人的自由及其实现的理解与引导。人们从这些理解与引导中汲取各自的正义概念。据此,我们同时有理由把这种伦理学也称为法哲学。

实际上,在马克思接触费尔巴哈哲学之前,他自己也是这种法哲学的积极拥护者。我们可以在他主编《莱茵报》期间发表的大量政论性文章中读到类似的观点。促使马克思思想发生转变的现实因素主要有两个:(1)在从事新闻工作的时候大量地接触到社会现实问题。他所掌握的理论解释不了这些现实问题,反而和它们处于对立的状态,特别是黑格尔的"自由的理性国家"概念与现实格格不入。这促使他开始批判黑格尔的法哲学。(2)就在这个时候,费尔巴哈出版了《关于哲学改造的临时纲要》,直指黑格尔的思辨哲学,为马克思对法哲学的批判提供了及时的弹药。大约从1843年开始,马克思开启了对这种思辨哲学独特的批判之旅。之所以说独特,那是因为马克思总是把对思辨哲学的批判和对以思辨哲学为基础的社会学说的批判结合起来加以批判。因此,他对思辨哲学的批判同时就是对形而上学国家学的批判、对形而上学宗教神学的批判、对形而上学法学的批判、对形而上学政治经济学的批判,以及对形而上学伦理学的批判。下面,笔者将仿照马克思的方法把他对思辨哲学的批判和这种批判对形而上学伦理学产生的影响结合起来加以讨论。

其一,由于不存在所谓的抽象自我观,因而也就不存在由此生发的抽象自由观。

整个思辨哲学建立在一种抽象自我观的基础上。这种抽象的自我观在人的实践领域是确证意志自由的基础。换句话说,在思辨哲学的理论范式中,为意志自由奠基的就是这种抽象的自我观。所以,在这个意义上的自由就只能是意志自由即观念领域的抽象自由。马克思曾经也是这种自由观念热情洋溢的赞颂者和不遗余力的拥护者。我们可以在他的博士论文中通过他对原子偏斜本质的解释读到相似的观点。1844年之后,我们可以清晰地看到马克思已经开始放弃这种抽象自由观转而从实在的社会关系理解自由及其实现问题。在《1844年经济学哲学手稿》中,马克思花了很大的篇幅讨论了事物之间的对象性关系,认为对象之间是一种相互依存并互相建构的关系。任何事物都是处在对象性关系中的事物,实际上并没有在对象性关系之外并超越这种关系的事物。由此,马克思转向了一种从实在的对象性关系(特别是生产关系)中理解自由的立场,即自由不是抽象自我预先设定的东西,而是在对象性关系中通过感性实践(斗争)得以确立的东西。

其二,由于不存在作为实体的自我意识,因而也就不存在基于这种自我意识的所谓"意志立法"。

自我意识是抽象自我观的黑格尔式术语。在马克思看来，黑格尔首先把自我意识确立为一个"奇点"[①]，并同时将其解释为实体、主体及其内在过程。这样一来，一切事物存在、变化、发展的原因、根据、目的、环节以及过渡的形式都只不过是自我意识的内在活动的结果。但问题在于，如果只能从抽象的自我意识出发理解现实世界，那只有靠感性才能获得的现实经验又是如何被自我意识预先感知到的？马克思认为，黑格尔之所以能在思辨的抽象中体现强烈的现实感和历史感，是因为他先把来源于现实的经验先验化，再把这种被先验化的经验概念化，继而就可以从所谓的先验概念出发"预知经验"了。正是采用了"后验变先验"这种偷梁换柱的思辨戏法，自我意识就可以在自身内部设定各种差别、联系、环节、规定性和过渡形式的同时赋予它们"鲜活的"感性内容。这样一来，现实世界就变成了自我意识自我设定的产物。通过马克思对这种思辨结构的揭露，我们不难得出结论：既然作为实体的自我意识是不存在的，那么由这种绝对的自我意识衍生出来的自由意志也就不能成立。那么，建立在这种所谓自由意志的基础上靠实践理性立法的方式就是本末倒置。包括道德律、伦理法或实定法在内的任何法都不是由某种超然于现实世界的理性制定的。所以，伦理学的基础不应当是这种道德形而上学，而应当另在他处。

（二）唯物主义立论：被正确理解的利益是全部道德的原则

如果说，对思辨哲学的批判是世界观革命中"破"的环节，即破除伦理学的形而上学基础，那么，对唯物主义的讨论就属于"立"的环节。马克思之前所有的唯物主义哲学在"立"的环节上对马克思伦理学最大的影

[①] 黑格尔的自我意识概念可以被形象地刻画成宇宙奇点：一个零维空间、向内坍缩、吸纳一切的带有神秘色彩的原始之点。

响就在于把全部道德的原则确立在感性的物质利益的基础上。

与思辨哲学把人的理论建立在自我意识哲学的基础上不同，唯物主义哲学把人的理论建立在基于物质的感性哲学的基础上。作为思辨哲学的对立面，由于唯物主义哲学把人理解为在本质上是由物质构成的感性实在，因此，它就会把人的物质欲望和需要看作首要原则。所以，在唯物主义者理想的社会图景中，国家对法和各项制度的安排都应当把满足和维系人的物质欲望和需要放在重要位置。需要特别说明的是，在这里，无论是思辨哲学家还是唯物主义哲学家，他们都把国家看作根本目的，看作解决一切社会问题和矛盾的根本办法和最终途径，而他们心目中的理想国家往往都是一种道德型的国家概念。这是因为，当这些社会学说还不能正确认识国家本质的时候，当他们又不得不给他们心目中的理想国家提供合理性论证的时候，他们只能借助某种道德目的论的方式解释国家的本质及其社会功能。这样一来，任何把哲学理论与社会学说结合在一起的讨论，在这种环境中都是一种伦理相关的讨论，都可能会催生不同的伦理学说。法国唯物主义自然也不例外。作为这派的代表人物，爱尔维修第一次把利益概念引入伦理学讨论，并在历史上第一次提出了功利主义的伦理学说。

唯物主义是思辨哲学的对立面。鲍威尔在用思辨哲学批判社会现实的时候，自然也把矛头指向了法国唯物主义及其社会学说。马克思恩格斯在《神圣家族》中与其展开了激烈的论战，借此阐述哲学学说和社会学说之间的正当关系。特别是在《对法国革命的批判的战斗》和《对法国唯物主义的批判的战斗》两节中，马克思不仅驳斥了思辨哲学对法国唯物主义的误解，还从学说史的角度梳理了近代以来形而上学和唯物主义之间的孪生对抗关系，强调了唯物主义哲学的进步意义以及对形而上学的超越。虽然马克思为法国唯物主义所做的辩护并非出于伦理学的考虑，但正如笔者在上文所说，由于法国唯物主义社会学说自带的伦理学性质，这种辩护和讨论必定带有重要的伦理学意义。

在马克思看来，法国的唯物主义有两个派别，一个是源自笛卡尔的唯物主义，一个是源自洛克的唯物主义。前一个派别汇入了自然科学，而后一个派别则汇入了社会主义和共产主义。马克思重点讨论的是后一个派别。这个派别可追溯到英国唯物主义的始祖培根，中经霍布斯和洛克，由孔狄亚克在法国接棒，并由爱尔维修继承和发扬光大。这一派别的唯物主义一直和汇入自然科学的唯物主义互相配合，从17世纪开始就一直与形而上学处在斗争之中。到了18世纪，形而上学中原有的那些实证的、世俗的内容便开始以实证科学的方式脱离形而上学自立门户。"全部形而上学的财富只剩下思想之类的东西和天国的事物，而正是在这个时候，实在的东西和尘俗的事物却开始吸引人们的全部注意力。"①

就法国而言，皮埃尔·培尔最先用怀疑论摧毁了形而上学，为在法国接受唯物主义扫清了障碍。熟悉培尔的人都知道，他最出名的地方就是论证了无神论者组成的社会也可以是一个道德的社会。传统的宗教神学认为，人之所以有道德，是因为人有宗教信仰，一个由无信仰的人组成的社会必将是一个罪恶的社会。培尔对此不以为然。在他看来，人们之所以会有道德，并不是因为信仰，而是出于受人赞扬的荣誉感；人们之所以会守法律，也不是因为信仰，而是慑于法律带来的惩罚。因此，即便是宗教社会里的人讲道德、守法律，也不是因为信仰，而是出于人类本性中的荣誉感和畏惧感。宗教神学不仅用宗教信仰掩盖了这一点，同时也利用这一点借题发挥。② 培尔的社会学说是建立在反宗教形而上学基础上的，因此，

---

① 《马克思恩格斯文集》（第1卷），人民出版社2009年版，第329页。
② See Pierre Bayle, *Various Thoughts on the Occasion of a Comet*, Robert C. Bartlett, ed, Albany: State University of New York Press, 2000, pp. 212-213.

他为法国接受一个建立在肯定的、反形而上学基础上的社会学说埋下了伏笔。爱尔维修是真正打开这个局面的人。他在吸收并发展了洛克唯物主义学说的同时立即把唯物主义运用到社会生活方面，强调把感性的特性和自尊、享乐和正确理解的个人利益当作全部道德的基础，构建了一个具有功利主义性质的社会学说。爱尔维修的学说影响了霍尔巴赫和边沁。三位思想家在唯物主义基础上建立的道德型社会学说就是马克思所说的汇入19世纪英国和法国共产主义的18世纪的唯物主义。①

马克思不仅在《神圣家族》第六章的注释部分摘录了爱尔维修和霍尔巴赫的精辟段落，还对他们二人的社会学说同共产主义和社会主义的必然联系做了精辟的概括。通过对马克思所做概括的分析，结合马克思在成熟时期的思想观点，我们可以清晰地发现这种具有唯物主义性质的社会学说影响马克思伦理思想发展的理论痕迹，了解它们在马克思早期伦理思想发展的过程中究竟扮演了怎样的角色。笔者将从以下两个方面加以说明：

其一，作为全部道德原则的利益是实实在在的感性利益。

在唯物主义者看来，人是感性的存在物。人从感性世界的经验中获得一切感觉和知识。因此，现实的人的世界就应该按照感性的人性原则来安排。感性的人性原则就是人趋乐避苦的肉体感受性。爱尔维修引入伦理学的利益概念就是以这种肉体感受性为基础的。因此，道德的社会就是能够安排好各种利益的社会，主要是安排好特殊利益和普遍利益之间关系的社会，因而利益就成了全部道德原则得以确立的基础。接受了这个观点的共产主义和社会主义十分看重人们感性的欲望和需要，并把改善物质条件以

---

① "傅立叶是直接从法国唯物主义者的学说出发的。巴贝夫主义者是粗陋的、不文明的唯物主义者，但是成熟的共产主义也是直接起源于法国唯物主义的。这种唯物主义正是以爱尔维修所赋予的形式回到了它的祖国英国。边沁根据爱尔维修的道德论构建了他那正确理解的利益的体系，而欧文则从边沁的体系出发论证了英国的共产主义。"《马克思恩格斯文集》（第1卷），人民出版社2009年版，第335页。

满足利益的方式当作对社会道德有益的养料。马克思恩格斯后来沿用了用利益概念（特别是阶级利益）解释社会道德的基本立场。但很明显，他们并不是从个体的肉体感受性来理解利益概念的。这种理解方式从本质上说依然是一种抽象的直观。正如思辨哲学把人理解为抽象的精神存在，这种唯物主义则把人理解为抽象的感性存在。

其二，个人利益的实现需要通过共同利益的实现来完成。

尽管爱尔维修和霍尔巴赫都认为建立在趋乐避苦的肉体感受性基础上的个人利益才是根本的东西，但他们都十分推崇共同利益，认为只有借助共同利益的实现才能真正实现个人利益。这个看似奇怪的现象却自有其逻辑套路。爱尔维修和霍尔巴赫都是特别推崇法治的伦理学家，在他们看来，法治是一个社会可以在最大范围内促进共同利益并协调个人利益与共同利益的社会治理方式。只有在法治良好的大环境下，才可能有个人利益的实现，才可能有真正的道德。因此，道德在实际上是由国家政治和法治塑造的，而不是相反。不难看出，这是法国唯物主义关于外部环境对人产生决定影响的观点在道德领域的翻版。熟悉马克思主义思想的人对推崇共同利益的观点和道德受环境影响的观点或许并不陌生，套用马克思在《关于费尔巴哈的提纲》第三条的话来说就是：道德是由环境来改变的，但请不要忘记，改变环境的人也一定是受过道德教育的。

从伦理学的角度看，虽然法国唯物主义的社会学说以及受这些学说影响的共产主义和社会主义正确地把感性利益看作道德的基础，虽然它们推崇公共利益，强调社会环境特别是法治环境（制度）对道德的影响，但由于他们依然把国家看作根本目的，不懂得国家的真正基础实际上在市民社会，不懂得真正的感性利益在根本上不是由肉体感受性确立的，肉体感受性只不过是真正起决定作用的经济利益的表现方式，因此，法国唯物主义的社会学说依然是不彻底的，从而他们的伦理学也是不彻底的。马克思之所以可以超越旧的唯物主义，就在于他在政治经济学批判的基础上发现了市民社会的真正地位，由此提出了自己独到的社会理论（历史唯物主义）。有了这个基础和前提，伦理学才可能是真实而彻底的。

（三）政治经济学的社会分析：建立经济利益与社会道德的伦理关系

从1845年秋至1846年5月，马克思恩格斯合作完成了《德意志意识形态》，创立了一套基于政治经济学批判的社会理论即历史唯物主义，对人类社会发展的基本结构、活动形式、根本动力、思想变迁等一系列重要问题做了第一次正面、系统的解答。新世界观革命对既有各类知识体系的影响是巨大而深远的。就伦理学来说，它从社会学的角度对道德现象的社会基础、历史本质、发展变化做出了前无古人的全新解释，真正把道德从神秘而抽象的意识领域带入现实的社会斗争。那么，马克思世界观革命究竟在多大程度上改变了以往的伦理学理论，又给新型的伦理学理论提供了什么新的内容呢？笔者将从以下三个方面来回答这两个相关的问题：

其一，社会道德本身是无实体的，因而伦理学是没有本体论的。

马克思在《德意志意识形态》中说："生产力、资金和社会交往形式的总和，是哲学家们想象为'实体'和'人的本质'的东西的现实基础，是他们加以神话并与之斗争的东西的现实基础，这种基础尽管遭到以'自我意识'和'唯一者'的身份出现的哲学家们的反抗，但它对人们的发展所起的作用和影响却丝毫也不因此而受到干扰。"[①] 这意味着，在历史上被当作伦理学出发点和最终根据的那些解释人类道德的抽象概念恰恰是需要被解释和被说明的。这些概念和范畴（无论是思辨哲学的还是唯物主义的），都只不过是对单个人进行抽象的产物。以往的旧哲学就是在这

---

① 《马克思恩格斯文集》（第1卷），人民出版社2009年版，第545页。

些抽象概念和范畴的基础上建立了形形色色的人的理论,进而再用这些理论解释人类社会并构想所谓健全的国家制度和法律体系。因此,这种理论范式带有不可避免的抽象个人主义的色彩。历史地看,这种理论范式是近代以来因市民社会的发展壮大而在观念领域的反映,只不过被思想家们倒果为因地把它当作前提加以利用。实际上,人的本质在现实性上是一切社会关系的总和。人是在由他自己参与的社会关系的活动中认识并塑造自身的。因此,对人的理解也要建立在这一社会现实的基础上,从研究社会关系(特别是以生产活动和交往关系为基础的社会关系)着手,建立对人的认识并加以塑造。所以,道德的正确打开方式就不应是从作为实体的各种抽象个人主义的概念出发,而是要从道德的社会功能出发,立足社会利益关系加以理解并从事建设。从这个意义上讲,道德是一种随附性的社会现象,它没有形而上学意义上独立自存的本质和实体。因此,伦理学也没有所谓的本体论。所以,如果在马克思主义伦理学的意义上谈论本体论,那要么是伦理学误解了本体论,要么是本体论欺骗了伦理学。

其二,社会道德赖以建立的真正利益在根本上是对生产资料的控制权。

正如法国唯物主义者以及受其影响的共产主义者和社会主义者理解的那样,全部道德原则的确是建立在利益基础上的,但真正的利益并不是从普遍个人的需要出发的利益诉求,而是对为了满足需要而用于物质生产的生产资料的占有。人类社会的确是建立在为满足需要进行物质生产的基础上的,但这并不意味着人类需要的满足是平衡发展的。有些人满足得多些,有些人满足得少些,而有些人得不到满足。这些需要满足的不平衡状况自然会引发对需求品(商品)的斗争,并最终上升到对占有生产需求品(商品)的物质条件即生产资料的斗争。从这个意义上讲,人类社会迄今为止的历史也可以在根本上看作一场为了满足各自需要争夺生产资料的斗争史。如果我们从社会功能的角度理解道德，那么社会道德最根本的功能自然就是为不同人群争夺生产资料控制权服务的，因而那些最根本的道德原则就是这些人群在这方面的利益诉求。但是我们也应当看到，人要活着就需要从事生产，而无时无刻地争夺生产资料的情况是不切实际的，停止生产就意味着死亡。因此，在争夺生产资料所有权这个目标序列上，各种人群在各个领域、各个环节、各个阶段上形成了彼此依存且错综复杂的相互斗争和妥协的关系。由法律确定下来的这些斗争关系和妥协关系就是所谓的财产关系，这里提到的各种人群就是马克思恩格斯所说的阶级。从这个意义上讲，社会道德所构成的庞杂体系就是为这些斗争关系、妥协关系以及由此形成的财产关系服务的，而人们在日常生活中形成的一些道德要求在很大程度上不过是在这些关系外围偶然发生的私人之间的利益诉求。所以，如果不是从上面提到的这些经济关系出发理解法和道德，而是从私人意志出发设想或设定各种经济关系，那就是一种头脚倒置的做法。这种做法不但不能理解法律和道德，甚至连"私有物"也解释不了。正如马克思所言："仅仅从私有者的意志方面来考察的物，根本不是物；物只有在交往中并且不以权利为转移时，才成为物，即成为真正的财产（一种关系，哲学家们称之为观念）。"①

其三，自由的道德是处在情境中的自我对伦理关系的实践。

虽然马克思在批判思辨哲学的同时放弃了抽象的自由观，但却并没有放弃自由概念，而是在扬弃旧概念的基础上发展出了新的自由概念。在《德意志意识形态》中，马克思说了如下一段正面阐述唯物史观的话："起初是自主活动的条件，后来却变成了自主活动的桎梏，这些条件在整个历史发展过程中构成各种交往形式的相互联系的序列，各种交往形式的

---

① 《马克思恩格斯文集》（第1卷），人民出版社2009年版，第585页。

联系就在于：已成为桎梏的旧交往形式被适应于比较发达的生产力，因而也适应于进步的个人自主活动方式的新交往形式所代替；新的交往形式又会成为桎梏，然后又为另一种交往形式所代替。"① 在笔者看来，"自主活动"出现在这段话里有着特别重要的伦理学意义。首先，这段话表述的是历史唯物主义的基本观点，"自主活动"在这段话中所处的位置是可以用生产力替换的。我们知道，马克思在《德意志意识形态》中已经使用了生产力概念。因此，这就意味着，在马克思那里是可以把生产力同时理解为"自主活动"的。其次，熟悉《1844年经济学哲学手稿》的人对"自主活动"这一概念一定不会陌生。"自主活动"是"异化劳动"的对立面，是共产主义社会的劳动生产形式，是马克思在政治经济学领域使用的自由概念，表示自由就是可以实际控制为己的生产过程，从而通过生产劳动展现人的本质力量。再次，联系前两点，我们不难得出推论，历史唯物主义这一社会理论本身是带有道德价值的，自由即是这一道德价值的体现。这意味着，历史唯物主义并不像有些学者理解的那样是价值无涉的纯科学理论，而是自带价值的关于人类社会实践的理论。最后，马克思在这里的自由概念既是对启蒙以来自由观念传统的继承，也是对这种传统的扬弃和超越。这是因为：（1）这个概念依然把自由理解为人的本性，但说的不是那种与生俱来的人的本性，而是从历史的角度把自由看作在与宗教神学斗争过程中形成的近代人性概念。（2）在这个概念中，作为人的本性的自由既不是思想领域的意志自由，也不是国家在自然法意义上赋予人的自由权利，而在根本上是人在生产实践和社会交往关系中的自主程度。（3）因此，虽然这个自由概念也是把自由的确立和实现与行动联系起来，但它更为具体地将其与社会生产联系起来。于是，这个自由概念具有天然的社

---

① 《马克思恩格斯文集》（第1卷），人民出版社2009年版，第575-576页。

会属性和社会意义。（4）自由概念的这种天然的社会属性和社会意义同时也和人的生命本质相关联。这意味着，由于人的生命本质就是有意识的自主劳动，因此，社会越是能提供合理健全的生产环境和交往环境，人就越能展现个性当中的积极力量，人的生命本质也就愈加丰厚。（5）这是对黑格尔伦理法的继承和超越。伦理法在黑格尔那里意味着自由与正义的统一，但黑格尔所谓的这个统一其实是自我意识在高级发展阶段的一种自我展开，而马克思是通过政治经济学为这种伦理法找到了现实的、真正的基础。

从1844—1846年的3年，马克思完成了具有划时代意义的世界观革命，促使他的伦理学也随之发生了根本变革。这一变革可以被描述为：伦理学从基于形而上学的法哲学转变为基于社会理论的社会伦理学。以此为基础，马克思的伦理学便可以吸收各种理论资源，建立一种对马克思主义伦理学的系统性理解。在笔者看来，麦金太尔在《追寻美德》中提出的德性理论就是对这种系统性理解的一种打开方式。

第二节　社会理论与伦理学：马克思与麦金太尔[①]

麦金太尔是著名伦理学家，德性伦理学当代复兴的代表人物。《追寻美德》不仅是他在德性论研究领域的力作，也是他久负盛名的学术精品。但细品《追寻美德》，我们不难发现，麦金太尔这部著作好像也在讨论马

[①] 部分内容发表于《经济关系的人格化与自由个人的现代联合——从马克思的社会学看麦金泰尔的德性论》，载《江苏行政学院学报》2020年第4期，以及《麦金太尔的德性理论：一种实践筹划——以〈追寻美德〉为叙事背景》，载《江苏社会科学》2020年第6期。

克思主义。在1981年首版的"序言"中,他就把这部著作的研究结论归结为一个马克思主义伦理学问题:"马克思主义在道德上的缺陷和失败,从某种程度上讲是因为它既体现但又拒绝了一种现代社会和现代化世界的独特精神:我们可以在理性的道德层面找到某种可辩护的立场。我们既可以根据这一立场做出判断并行动,也可以根据这一立场评价各种争取我们为之效忠的、互竞的、异质的道德方案。"[①] 麦金太尔说的独特精神,就是启蒙以来自由的个人主义(liberal individualism)道德传统。他在《追寻美德》中揭露由这种传统主导的启蒙合理性之道德论证筹划的失败,实际上是要告诫那些在社会主义阵营中的马克思主义者:用自由主义道德批判斯大林主义并以此为基础构建社会主义伦理学的企图注定不会成功。说到这里,熟悉麦金太尔早期左翼活动经历的人肯定就会联想到:《追寻美德》的研究结论仿佛是对近四分之一个世纪前那场争论的一个漫长而深思熟虑的回应。

1957年,汤普森在《新理性者》(New Reasoner)上发表了《社会主义人道主义:致非利士人书》,提出要用一种道德意义上的人道主义概念批判斯大林主义,通过转变文化策略的方式引领社会主义建设。汤普森的文章在英国新左派内部引起了巨大争议。当时正在牛津大学读书的麦金太尔也参与了这场争论。他在《新理性者》上相继发表的两篇文章《道德荒原笔记Ⅰ》(1958)和《道德荒原笔记Ⅱ》(1959),是对社会主义人道主义概念最有力的理论声援。在这两篇文章中,他拒绝用自由主义道德填充这一概念,反而援引亚里士多德伦理学解释这一概念。现在看来,他在当时提出的观点成了历史上第一个把马克思主义道德观和德性论联系起来加

[①] See Alasdair Macintyre, *After Virtue: A Study in Moral Theory*, Indiana: University of Notre Dame Press, 2007, Preface, p. 18.

以考察的理论尝试。①

如果考虑上述情况,这是否意味着,我们可以用麦金太尔在《追寻美德》中借助亚里士多德德性思想开发的德性理论构建一种马克思主义伦理学呢?毕竟有不少学者认为,麦金太尔对源自亚里士多德德性理论的解释是亲马克思主义的。他在理论上的建树代表着一种所谓的"亚里士多德式的马克思主义"②。且不说麦金太尔自己是否同意这个标签,这里有一个重要的问题需要加以区分:说麦金太尔把马克思主义作为一种有益的思想资源或方法进行研究是一回事,说麦金太尔的德性理论就是一种马克思主义伦理学则是另一回事。因为熟悉麦金太尔学术生平的人或许都知道,他在《追寻美德》出版的十几年前,就已经放弃了马克思主义。这意味着,作为一名曾经信奉马克思主义的伦理学家,他放弃了通过伦理学研究推动马克思主义文化事业、助力左翼政治活动的筹划。所以,笔者并不认为麦金太尔在《追寻美德》中提出的德性理论在性质上是马克思主义的。相反,他对马克思主义伦理学是悲观的。因为在他看来,马克思主义也只不过是自己一贯批判的自由主义传统的一种表现形式:"马克思主义本身患有严重的、会带来危害的道德贫困症。其主要原因是它继承了自由的个人主义传统中的某些东西,但同时又背离了自由主义。"③

在笔者看来,虽然麦金太尔在《追寻美德》中开发的德性理论不是马克思主义的,但这并不妨碍我们在这一德性理论的基础上进行马克思主

---

① 有关这场争论的系列文章参见:张亮、熊婴编:《伦理、文化与社会主义:英国新左派早期思想读本》,江苏人民出版社2013年版。
② 彼得·麦克米勒在其1994年出版的《阿拉斯戴尔·麦金太尔:现代性批判》一书序言中首次贴出了这个"标签"。Peter McMylor, Alasdair MacIntyre, *Critic of Modernity*, London and New York: Routledge, 1994.
③ See Alasdair Macintyre, *After Virtue: A Study in Moral Theory*, Indiana: University of Notre Dame Press, 2007, Preface, p. 18.

义伦理学的再开发。笔者的立场介于"定性"（麦金太尔的德性理论就是马克思主义的）和"无关"（麦金太尔的德性理论和马克思主义无关）之间，更加看重马克思主义和麦金太尔德性理论之间可能发生的双向激活关系，更加看重这些被激活的成分是否有益于构建马克思主义伦理学。笔者处理这个问题的方法是试图回答麦金太尔在第十八章提出的两个困境。在是"尼采或亚里士多德，还是托洛茨基和圣·本尼迪克特"这一章中，麦金太尔预想了他的德性理论可能遭遇的三种批评。在这三种批评中，他认为有必要马上回应的只有第三种。而这第三种批评就来源于马克思主义。被预想的批评是："我们时代最关键的思想对立，是自由个人主义与某种马克思主义或新马克思主义的对立。有这样一些人能把这种观点解释得言之凿凿。他们追溯了从康德、黑格尔到马克思的思想谱系，声称马克思主义可以把人类自律概念从它最初的个体主义形式中解救出来，并借助一种可能的共同体形式（在这个共同体中，异化已被克服，虚假意识已遭废弃，平等与博爱已经实现）得以重建。"[①] 麦金太尔对这个批评的回应方式是指出这个批评中客观存在的两种困境。由于无法解决这两种困境，所以这种批评是站不住脚的。笔者将这两种困境分别概括为：（Ⅰ）如何从道德上理解自由个人的现代联合问题，（Ⅱ）如何在道德贫乏的资本主义社会开发道德资源问题。下文的主干部分就是对这两个困境的讨论。

（一）如何从道德上理解自由个人的现代联合

在麦金太尔看来，马克思主义自身独特的道德立场被马克思主义的道德历史削弱了。这主要表现为在一些重大的历史和政治事件中，马克思主义总是直接退到康德主义或功利主义中去。麦金太尔认为，原因就在于

[①] See Adam Smith, *The Theory of Moral Sentiment*, D. D. Raphael and A. L. Macfie, eds, New York: Oxford University Press, 1976, p.261.

马克思主义中一开始就有一种激进的个人主义。马克思在《资本论》第一卷中把未来社会描绘成一个"自由人的联合体"。这些自由的个人是社会化了的鲁滨孙。他们赞成对生产资料的共同所有权,赞同各种有关生产和分配的规范。但马克思并没有告诉我们,这些自由个人之间"自由联合"的基础是什么。在这个关键问题上,马克思留有空白,而后继的马克思主义者并不能充分地填补这个空白。所以这就不难理解,为什么那些后来的马克思主义者会把抽象的道德原则和功利条件当作"联合"的基础。这样一来,马克思主义者在实践上所采取的道德态度,恰恰就是他们把别人谴责为意识形态的那种道德。[①] 所以,对马克思主义来说,这里的关键问题是:如何从道德上理解自由人联合体的联合问题。

麦金太尔提出的这个困境,不仅针对马克思主义,也是对近代以来西方文化深层困境的摹写。这个困境的实质是:在现代西方社会,人与人之间基于传统的伦理关系断裂了,自由的个人之间相互联合的基础不再牢固,社会缺乏团结性力量,分裂与隔阂愈演愈烈。启蒙以来开辟的自由的个人主义传统不仅肇始了这一过程,也在不断地加速这一过程。从某种意义上讲,麦金太尔的《追寻美德》就是从伦理思想史的角度对这一个过程的描述及其分析。在笔者看来,要理解联合的道德问题,势必要了解分裂的道德原因。因此,我们非常有必要先来倾听麦金太尔在《追寻美德》中花了80%的篇幅对这一过程的道德叙事。

在麦金太尔看来,从virtues(德性)向morality(道德)的变化是这一过程的转折点。在这个关键点上,基于品质的德性被基于规则的道德替代,由此,传统社会文化中居于核心地位的德性概念越来越被边缘化。德性开始和功利概念联系在一起(从大卫·休谟开始),并越来越多地

---

① See Adam Smith, *The Theory of Moral Sentiment*, D. D. Raphael and A. L. Macfie, eds, New York: Oxford University Press, 1976, p. 261.

被理解为服从规则的某种性情或情感。在从诸德性到德性单数概念的变化过程中，单数化的德性（virtues）概念实际上就演变成了标准化的道德（morality）概念。从此，寻求标准化规则的morality就取代了作为实践品质的各种virtues。而以制定行为规则为己任的功利主义和义务论也就取代了德性论，成为主导性的道德理论。在这个基础上，行为模式和思维模式的相互影响不断把这种转变向对方深化。在传统社会，为了特定目的从事特定活动的实践是德行的基础，所以各种德性就是关于善恶的话语。但自我概念出现后，德行变成了一种基于自我或自我之外的行为选择。善恶的话语变成了一种在"利己"与"利他"之间进行选择的双边关系。"自利"（源于苏格兰启蒙运动中的self-interest或self-love①）这个18世纪才出现的概念，改变了人们对善恶观念的理解及其行为方式。总的来说，自利既有道德的一面，也有不道德的一面，而利他基本上是道德的。其实，这种"利己—利他"模式很容易掉入利己主义的窠臼。因为无论是利己行为还是利他行为，判定其是否道德的最终根据都源于自我概念中的某种"可善化"成分。无论是大卫·休谟和亚当·斯密看重的"激情"（passion），还是康德推崇的"实践理性"，抑或是功利主义强调的"肉

---

① 这两个概念之间的关系在历史上有不同的看法。以亚当·斯密为例。"自利"（self-interest）和"自爱"（self-love）在《道德情操论》和《国富论》中随处可见。格拉斯哥版《道德情操论》的编者导言认为，"自爱"只不过是表达"自利"含义的一种18世纪的术语。Adam Smith, *The Theory of Moral Sentiment*, D. D. Raphael and A. L. Macfie, eds, New York: Oxford University Press, 1976, p. 22. 但也有学者对两者关系做了深究，认为"自爱"概念在亚当·斯密那里类似于自私或虚荣，而"自利"概念则类似于关心自己的好生活。Athol Fitzgibbons, *Adam Smith's System of Liberty, Wealth, and Virtue: The Moral and Political Foundations of The Wealth of Nations*, Oxford: Oxford University Press, 1995, pp. 137-145. 在笔者看来，自利和自爱这两个概念的关系从一个具体的侧面反映了麦金太尔所说的从virtues向morality的历史过渡。其中，selfinterest更多地带有virtues残留的痕迹，而self-love则更偏向于morality。

体感受性"等等，概莫能外。这样一来，任何道德行为的最终根据都有可能在一种还原主义的解释中被吸入自我概念。所以，利己主义就会是自由的个人主义传统最易趋向的道德模式。历史上其实有不少思想家已经意识到这个传统可能带来的社会文化后果。他们中的一些佼佼者也曾试图在不脱离这个传统核心内容的前提下对其进行理论上的纠偏，如黑格尔的伦理法概念。但结果却是，自由的个人主义传统这股洪流三百年来生生不息，大行其道且势不可当。

解决这个困境被麦金太尔视为道德哲学的历史使命。虽然他说自己并没有在《追寻美德》中着手做这件事，但却预设了对一种合理性的系统解释。他说的这个被系统解释的合理性，其实就是他在《追寻美德》中提出的德性理论。在"第二版跋"这一章中，麦金太尔把这个理论简明地解释为三个层次："第一个层次把德性理解为获得实践内在好处（good）的必要品质；第二个层次把德性理解为对过一种整体生活有益（good）的品质；第三个层次是把前两者与追求一种人类的好（good）联系起来。只有在一种持续存在的社会传统中，这种好（good）才能被解释清楚并拥有。"[1]（为方便表述，笔者把这三个层次分别简称为"德性的实践层次"Virtues in Practices、"德性的生活层次"Virtues in Lives、"德性的传统层次"Virtues in Traditions，并分别用VP、VL、VT来表示）。这三个层次环环相扣，相辅相成。首先，人的行为可以在一个确切的框架中被理解，从而就有确切的目的和评价尺度。人可以在这样的框架中专注于特定的活动，并在这些特定的活动中得到内在的益处（goods）。这个确切的框架就是VL。其次，VL就是人与人之间可以联系在一起的纽带和基础。VL催生共同利益（public goods），而共同利益定义着行为的好坏。这样一

---

[1] See Alasdair Macintyre, *After Virtue: A Study in Moral Theory*, Indiana: University of Notre Dame Press, 2007, p. 273.

来，人与人之间就关系确定、联系紧密，且一致追求共同利益。再次，VL的共同利益要在一个更大的、可持续的社会传统中得到解释。这意味着，可能被标准化现代生活边缘化了的VL不能沦为人类社会的孤岛。VL的存在是对属于人类的好的VT的典藏。而VT也只有在VL中借助VP才能得以存续。最后，那些承载着各种VP的VL就是麦金太尔所设想的人间净土，类似于在黑暗将要来临之际为人类保存有益传统的、带有宗教性质的小型共和社团。所以在《追寻美德》首版最后一章的最后一句话中，麦金太尔说我们正在等待的是圣·本尼迪克特。①

照这样看，麦金太尔的德性理论及其现实的政治意义不仅和马克思主义无关，反而更像是对马克思主义悲观失望后的另谋出路。麦金太尔早年显然想用德性理论拯救马克思主义的道德概念，但他后来并没有在工人阶级和知识分子群体中找这种道德赖以生长的基础。左翼社会实践活动的挫败动摇了他的思想，他自认为借助马克思主义反对自由主义传统的努力是白费的，因为前者归根结底也是后者。这样一来，唯一剩下的最好选择或许就是回归亚里士多德传统（后因信奉阿奎那，又称其为托马斯主义的亚里士多德传统）。他在《追寻美德》中开发的德性理论就是这一传统的现代产物。但在笔者看来，麦金太尔的德性理论和马克思主义之间的关系没有那么简单。《追寻美德》中有一个叙事情节，或许很少有人注意。麦金太尔认为，每一种道德哲学都有专门适配的社会理论。②那么，他的德性理论适配何种社会理论呢？他在《追寻美德》中除了讨论马克斯·韦伯的社会学之外，几乎没

---

① 圣·本尼迪克特亦译圣·本笃（约480—550）意大利修道士，意大利基督教教派本笃会创始人，被誉为"西方修道院之父"。他开创了一种虔诚、包容、勤俭、自治的修道院生活，给那些愿意过此生活的人提供了一个身在罗马时代却可以独立于罗马的生活。麦金太尔说要等待圣·本尼迪克特，言下之意他说的VL就是圣·本尼迪克特式的修道院生活。

② See Alasdair Macintyre, *After Virtue: A Study in Moral Theory*, Indiana: University of Notre Dame Press, 2007, p. 225.

有正经引用过其他的社会理论。但马克斯·韦伯的社会理论恰恰适配他所批判的自由主义道德，显然不可能适配其德性理论。那么会是马克思的社会理论吗？麦金太尔的确十分推崇马克思的社会理论[①]，但他并没有声称他的德性理论与马克思的社会理论是适配的。实际上，在笔者看来，麦金太尔的德性理论也有社会理论做补充背景。这个补充背景和马克思的社会理论有关，但在性质上却不是马克思主义的。形象地说，它是马克思社会理论的"外壳"。正是因为这种关系，麦金太尔的德性理论往往给人造成这样的印象：一种被马克思主义改造过了的亚里士多德主义。也正因为如此，他的德性理论也回答不了自由的个人在伦理上的联合关系。

马克思的社会理论建立在政治经济学基础上。脱离他的政治经济学，就不能理解他的社会理论。从这个意义上讲，麦金太尔实际上并未真正运用马克思的社会理论（这当然和他对马克思政治经济学的态度有关）。他对马克思社会理论的吸取仅限于从这个理论抽象出来的一般观念，如内在矛盾推动社会发展的历史动力学、社会角色的关系化理解方式、社会（道德）意识随历史发展而变化、生产劳动的道德内涵等。但是，麦金太尔如果不把这些一般观念还原到马克思的政治经济学中去理解，就不可能理解当今人类社会中年龄最小但势力却最大的一个传统：资本主义。用他自己的话说，如果对传统的领会也是一种德性，而这种德性为理解和发起一种行为提供了指导性框架，那么，不理解资本主义这个传统，就不可能在根本上深入理解当代人类的社会道德行为。在接下来的部分，笔者将依据马

[①] 在《追寻美德》首版的最后一章，他盛赞马克思主义对现代社会理论的巨大影响。在第三版的"前言"中，他也坦率地承认："尽管《追寻美德》写出了由二十世纪历史暴露出来的马克思主义在道德上的不充分，但马克思对资本主义经济、社会、文化秩序的批判以及马克思主义后继者对这种批判的发展一直影响着我。" Alasdair Macintyre, *After Virtue*: *A Study in Moral Theory*, Indiana: University of Notre Dame Press, 2007, Prologue, p. 16.

克思对这一传统的解释，着重讨论自由个人联合的伦理关系。

马克思思想中的确有麦金太尔说的那种个体性（individuality），但这种个体性并不建立在抽象的自我意识概念的基础上，而是指现实的社会关系构造的独特性。马克思在撰写博士论文期间的确推崇过纯抽象的独立性自我概念，但在撰写《1844年经济学哲学手稿》的时候，他就已经开始转而从对象性关系来理解个体性[①]，直至在1845年前后把这种个体性归结为《关于费尔巴哈的提纲》中提及的社会现实性："人的本质不是单个人所固有的抽象物，在其现实性上，它是一切社会关系的总和。"[②] 这句常被人引用的名言中提及的"在现实性上"是针对"抽象物"说的。这意味着马克思也在清算自己曾经对人性的理解。更为重要的是，这里所谓的"社会关系的总和"也是一种对具体的抽象，是马克思在研究具体生产关系（含财产关系）过程中对所得结论的一般抽象。[③] 严格意义上讲，在马克思完成世界观革命之后的研究中，从未讨论过一般社会关系的个体性及其角色化问题，倒是专门探讨了具体的生产和交换关系对人性在意志领域的塑造作用。马克思在《资本论》第一卷中还为此专门提出了一个概念叫"经济关系的人格化"。从这个意义上讲，马克思就是用近代以来资本主义经济关系的变化发展来理解资本主义这个"传统"的，（通过资本的原始积累和全球殖民讲述这个传统的发迹史，通过价值理论阐述这个传统的运作机制）只有在这个框架内，我们才能从根本上理解身处这个传统中的人们的主要行为。这里提到的"资本主义传统"，类似于麦金太尔德性理论中的VT。麦金太尔用VT来理解VL中VP的方法其实源于马克思"经

[①] 参见张霄：《原子偏斜、国家制度与异化劳动——马克思自由伦理思想的发展轨迹（1841—1844）》，载《齐鲁学刊》2018年第4期。

[②] 《马克思恩格斯文集》（第1卷），人民出版社2009年版，第501页。

[③] 参见张霄：《从法哲学到社会伦理学：马克思世界观革命中的道德图景》，载《马克思主义与现实》2020年第1期。

济关系的人格化"概念，但却被改造成了"祛经济关系的社会关系的人格化"。在笔者看来，正是由于这种改造，社会关系又变成了聊胜于无的抽象。据此，自由的个体在麦金太尔眼中只能是"无根的浮萍"。这样一来，自由个体之间的联合也就自然成了问题。也正是因为这种改造，麦金太尔在《追寻美德》中并未把资本主义当作一种可能会被改善的传统。这意味着，麦金太尔既不认为在资本主义内部可能出现他所说的VL，也不认为我们可以寄望于在资本主义内部对其进行改善。所以，《追寻美德》最终向我们推荐了一种旅居现代西方社会的隐士生活。

但是，如果我们把麦金太尔理解的抽象的社会关系还原成经济关系，眼前可能会呈现出另一幅画面。马克思认为，在西方社会，现代人和生活在传统社会中的人相比，最大的一个特点就是人与人之间的联系更加紧密且越来越不可分了。这是人类历史上从未出现过的大规模联合。造成这种联合的基础就是以商品生产和交换为载体的现代市场经济体系，越来越多的人被卷入这个体系并不得不依赖这个体系而存活。不管人们在主观上怎么想脱离这个体系，他们在客观上都摆脱不了这个体系。马克思早年对普鲁东等社会主义者的批判中就有基于上述观点的考虑：既然人类社会已经开启了资本主义阶段的社会化大生产时代，既然这个时代已经成为人类自己创造出来的一种已然不可逆的传统，那么，我们最务实的做法莫过于在深入理解这个传统的基础上使其往更好的方向发展。从这个意义上讲，任何无视或企图逃避这种传统的政治筹划都是不切实际的。

如果我们认真对待这个传统，就不难发现，建立在社会化大生产基础上的现代生产分工和商品交换体系其实就是自由个体之间相互联合的基础。在这个体系中，每个人通过满足他人需要从而满足自身需要的方式客观上把人联系在了一起。由于这种满足需要的载体是商品，而商品又在社会生活中无处不在，所以这种人与人之间的联系是无处不在的。满足需要的商品是有用的劳动产品,这些有用的劳动产品之所以能交换,就是因为当中凝结了无差别的人类劳动。这既是商品价值的源泉,也是人与人之间相互为对方劳动、彼此承认的伦理关系和社会基础。如果我们在这个基础上同时也把劳动理解为人类本质力量的打开、人类生命的活动本质、一种可以从生产实践中获得内在好处的自我实现方式,那么这个体系就完全可以看作彼此用生命服务对方从而成就自我的对等劳动系统。这是这个传统积极进步的一面。它在马克思的政治经济学中指的是社会生产力系统。

真正造成分裂与隔阂的是这个体系中的另一股力量:生产资料私有制。它是社会化大生产在资本主义阶段的生产关系,它在法律上的别名又叫财产关系。这个传统中消极的成分多源于此。是生产资料私有制把社会生产力系统已经凝聚起来的社会合作变成了一种虚假的东西:在保留合作外观的皮囊下包藏着分裂、分化、分离合作力量的私心。这样一来,公利就变成了形式,私利倒成了本质。为了获得更多的私利,商品和货币必须通过不停地转换以加速流通,最终演变为资本对整个社会生产系统的控制。由于社会生产系统控制着绝大多数的人(社会劳动力)和事(社会生活),因此,资本就在实际上控制着这个社会。在这种社会条件下,人们的社会行为必然会趋向功利,行为的内在价值必然会趋向于服从行为的交换价值。麦金太尔在《追寻美德》中用"德性被功利化理解"和"德性被规则化消解"这两点所刻画的从virtues向morality的历史转变,背后深层的原因正在于此。麦金太尔虽然没有说这么深,但他却正确地把这种转变在思想史上的节点追溯到大卫·休谟。不过,非常有意思的是,大卫·休谟是苏格兰启蒙运动的代表人物,而苏格兰启蒙思想家们心目中理想的社会类型,正是处在"资本主义传统"早期阶段的商业社会。与大卫·休谟非常要好的另一位苏格兰启蒙运动代表人物亚当·斯密,不仅继承和发展了大卫·休谟建立在同情理论基础上的情感主义德性论,同时也因最早提出自由主义市场经济学说而被誉为"现代经济学之父"。

很显然，麦金太尔并没有在深入马克思政治经济学的基础上运用他的社会理论。正因为如此，他并没有看到资本主义在推动社会生产力系统发展上的历史功绩，而这个功绩里就客观地含有现代自由个体的联合问题。麦金太尔更多的是看到资本主义在文化和社会心理上所造成的割裂与分离及其在思想史上反映出来的理论嬗变。单从认识论的角度和提出问题的思路来看，笔者认为麦金太尔的工作不仅无可厚非，而且相当出色。但是，如果刻意回避马克思社会理论中的政治经济学内容，我们就很难深入理解"资本主义传统"，也就很难在这个传统中开发有益的道德资源。更为重要的是，如果缺乏这一资源，身处这个传统中的人就很难做出有益的政治筹划和积极的道德实践。所以，我们紧接着需要讨论的问题就是：如何在道德贫乏的资本主义社会开发道德资源，即困境Ⅱ。

（二）如何在道德贫乏的资本主义社会开发道德资源

麦金太尔提出的第二个困境是，"马克思主义的社会主义在骨子里是一种乐观主义。因为无论它对资本主义和资产阶级制度批判得多么彻底，它都深信不疑地断言，在由资产阶级制度所构成的社会里，一个更加美好的未来所需的一切人与物的前提条件都正在积累之中。可是，如果发达资本主义的道德贫困真像许多马克思主义者认为的那样，那么，这些未来所需的资源从何而来呢？"[①] 据此，笔者把麦金太尔提出的第二个困境归结为"如何在道德贫乏的资本主义社会开发道德资源"。简单地说，这个困境想表达的深层含义是：既然资本主义社会和资产阶级道德被马克思主义者批判得一无是处，他们如何还能寄望于这样一个社会朝着社会主义或共

---

① See Alasdair Macintyre, *After Virtue: A Study in Moral Theory*, Indiana: University of Notre Dame Press, 2007, p. 262.

产主义的良好方向发展？他们能有什么资源来改造资本主义社会并发展社会主义道德？很显然，讨论这个困境有一个前提：是否可以把资本主义看作麦金太尔在德性理论中提及的VT。笔者在对困境I的讨论中，已经解决了这一问题，即应当把资本主义理解为一种VT。因此，接下来的重点是，如何在资本主义这个VT中寻找VL并定义VP。这其中，寻找VL是关键所在。正是从这个意义上讲，困境Ⅱ不是一个单纯的认识论问题，而是一个在一定认识论前提下的社会实践问题。

我们已经借助马克思的社会理论把资本主义界定为麦金太尔德性理论中VT。接下来的工作是一种双向融合，即一方面我们要借助麦金太尔在VT中通过VL定义VP的德性理论框架，另一方面要借助马克思基于政治经济学的社会理论在这个框架中寻找VL。首先，我们应当了解麦金太尔认为资本主义社会不可能出现VL的理由。在第十六章"从诸美德到美德以及追寻美德"中他说：

"现代世界绝大多数人所做的工作，就实践的本性而言，有充分的理由认为它们不能被理解为本身是具有内在好的。当生产转移到家庭之外，现代性诞生的关键时刻便来临了。只要生产劳动还是在家庭结构中进行，就可以很容易也很正确地认为这些劳动不仅是维系家庭共同体的一部分，也是维系那些由家庭共同体维系的更大的共同体的一部分。从某种意义上讲，当劳动从家庭中转移出去并服务于非人的资本时，劳动的意义就开始与其他一切事物相分离，一方面服务于生存需要以及劳动力的再生产，一方面服务于制度化地榨取劳动力。贪欲在亚里士多德主义中是一个恶习，如今却是现代生产劳动的驱动力。大部分像生产线上的劳动这样的现代劳动中体现的目的—手段关系，必然外在于劳动者所寻求的好。因此，这类劳动已经被排除在自身具有内在好的实践领域之外。相应的，实践也被移到了社会和文化生活的边缘。艺术、科学和游戏被认为是极少数专家的工作。我们其余这些人只可能在闲暇，作为旁观者或消费者获得这些活动的附带利益。在过去，社会中心概念是参与实践。而现在，对大多数人来说，审美消费才是中心概念。"①

这是《追寻美德》中唯一一处从经济角度对资本主义提供社会解释的地方。不难看出，麦金太尔显然认为只有传统家庭社会中的生产劳动才适合养成VP，而现代性的生产劳动却不适合。因为现代性的生产劳动服务的是"非人格化的资本"，它们的主观目的仅仅是生存和繁衍，它们在客观上仅仅是充当资本追求价值增值的工具。换句话说，生产劳动本应具有的内在目的成了无确切目的的个人谋生手段和资本逐利工具而与劳动实践所能带来的内在好处（good）相分离。现代生产技术条件和精神活动水平的不断提高加速了这一过程，使越来越多的人不得不退出各种本可以带来真正好处（good）的实践领域，成为无足轻重或可有可无的生产者与消费者。

正是基于这种悲观的认识，麦金太尔才会认为，马克思主义者要想在这样的环境中建立那种克服了异化、废除了虚假意识、有着平等博爱关系的共同体（VL），只能是乌托邦。麦金太尔的悲观情绪或许源于他对资本主义社会的切身感受，或许源于他对亲历的社会主义实践的失望沮丧。对此我们不去深究。这里更为重要的问题是，我们是否真的没办法在资本主义社会寻找可以用来实践道德筹划的资源。这个问题包含两个相互呈现的方面：其一，如果资本主义社会根本没有这样的资源，我们就没有实践任何道德筹划的前提。其二，但那些能被加以利用的资源往往又是在实践道德筹划的过程中才被审视和发掘出来的。因此，笔者对麦金太尔德性理论（在VT中通过VL定义VP）的理解将从认识论模式转入对某种道德实践筹划的讨论。从这个意义上讲，笔者主要探讨的是VL和VP在某个VT中的相

---

① See Alasdair Macintyre, *After Virtue: A Study in Moral Theory*, Indiana: University of Notre Dame Press, 2007, p.227-228.

互建构关系。建构关系在这里意味着一种面向实践的理论筹划：如果在某一VT中没有现成的可以用来定义VP的VL，我们如何才能在VT中找到可供开发的资源建构一种可以定义VP的伦理关系？又如何才能通过对这种伦理关系的分析讨论某种VL存在的可能性？

一般看来，生产劳动这个概念是贯通麦金太尔德性理论和马克思社会理论的一个点，是最有可能培养VP的实践活动。麦金太尔也关注生产劳动，但他并不认为现代性的生产劳动是培养VP的实践活动。因为现代性生产劳动受一种"制度化的贪欲"驱使，它的实践目的被扭曲了，从事生产实践所能获得的内在的好处（good）也不复存在了。但从马克思主义视角来看，麦金太尔对现代性生产劳动做了过于负面和悲观的理解，无异于把孩子和脏水一起泼掉。要认清这个问题，应对现代社会生产力系统有深入的了解。正如笔者在上文所讲，马克思反对的是套在现代社会生产力系统身上作为生产关系的生产资料私有制这个枷锁。马克思显然不会反对现代社会生产力系统及蕴含在这个系统内的伦理精神，现代社会生产力系统是根本的历史驱动力量。从这个意义上讲，资本主义和社会主义的区别确切来说应被理解为现代社会生产力系统的资本主义阶段和社会主义阶段。①

---

① 马克思在《资本论》第一卷最后部分讲完资本的原始积累之后，转入了对资本主义积累的历史趋势的讨论。在他看来，虽然小生产是发展社会生产和劳动者本人的自由个性的必要条件，但小生产既排斥生产资料聚集，也排斥协作和分工，排斥对自然和社会的调节，排斥社会生产力的自由发展。建立在生产资料私有制基础上的雇佣劳动制，借助劳动与资本的分离，帮助社会建成了以市场为导向的社会化大生产系统，使生产资料的集中和生产劳动的分工协作确定下来成为体系。被集中起来的生产力显然就有了区别于小生产的公共性，自然就有出于这种公共性要求的社会调节。而已经形成的生产劳动的分工协作显然深化并扩展了劳动的社会化，自然也就有出于这种社会化要求的平等、互利、合作。但被社会化大生产催生出来的公共性、平等互利、协同合作这些伦理精神，却是和私有制的自利精神背道而驰的。因此，马克思所说的社会主义和共产主义并不是从天而降的乌托邦，只不过是社会正常发展过程中顺理成章的事。参见《马克思恩格斯文集》（第5卷），人民出版社2009年版，第872-875页。

所以，即便是马克思理解的资本主义经济基础，也需要从生产力的积极方面和生产资料私有制的消极方面这两面来看。其实，这里所说的蕴含在现代社会生产力系统中的伦理精神，就是恩格斯在《反杜林论》中提及的无产阶级道德的伦理基础，而无产阶级道德就是恩格斯在生产力系统内部的伦理关系中挖掘出来用于实践政治筹划的精神资源。① 所以，从这个意义上讲，现代社会生产力系统中的生产劳动在伦理上就具有双重属性。

从积极的一面看，随着现代科学技术迭代更新速度不断加快和产学研模式日趋成熟，劳动者在生产劳动中获得了更大的视野和更多的自我实现空间。劳动技术手段越是发达，劳动者在生产过程中就越是能获得更多的内在的好处（good）。因为能把工作做好的前提是对劳动技能的熟练掌握。而劳动者必定会在熟练劳动技能的过程中自然而然地提升智识水平。随着自动化系统、计算机网络技术和数据科学的不断发展，社会生产力系

---

① 恩格斯在《反杜林论》里说："人们自觉地或不自觉地，归根到底总是从他们阶级地位所依据的实际关系中——从他们进行生产和交换的经济关系中，获得自己的伦理观念。"《马克思恩格斯文集》（第9卷），人民出版社2009年版，第99页。从恩格斯在《反杜林论》里的表述来看，他对伦理和道德是有所区分的。恩格斯在这句话里提及的"伦理观念"，就是现代社会生产系统中客观存在的伦理关系。封建道德也好，资本主义道德或无产阶级道德也罢，都是在这个伦理关系中定义自己道德立场及其属性的政治实践筹划。从认识论上讲，马克思和恩格斯的分析是深刻的、到位的、通观全局的、高瞻远瞩的。但从实践筹划的角度来看，他们的理论并不能产生实际的效果。这是因为，即便他们正确地讲出了历史规律性的东西，但运用规律把事办成的知识还需专门的理论研究。换句话说，恩格斯讲的伦理观念和无产阶级道德，如果不能转化为宏观的经济调控目的、具体的社会发展愿景、日常的企业管理制度等，就不能真正对生活世界产生实际的作用。世界社会主义运动史一再告诉我们，当西方左翼政治革命取得成功并掌握政权后，一旦他们进入常态化的行政管理和社会管理，就会发现，如果不经开发，他们只能沿用那些资本主义的管理手段。这就是麦金太尔所说的困局：即使那些最杰出的马克思主义者，一旦趋向权力就会变成韦伯主义者。从这个意义上讲，只有把对资本主义的道德批判与面向实践的日常社会管理筹划结合起来，特别是和经济管理实践结合起来，才可能使对资本主义的道德批判获得现实的力量。

统在转变产业结构的过程中必将把越来越多的体力劳动交给"人工智能劳动者"去完成。这意味着，越来越多的人将从事更为复杂和高级的精神劳动。从这个发展趋势来看，劳动者不但能在劳动中获得小生产条件下想象不到的基于某种劳动实践的内在的好处（good），还能在这个现代性社会生产系统中获得基于复合型劳动实践的多种内在的好处（good）。只是，技术革新所带来的产业升级势必会给一些人造成结构性失业。因为劳动技能不再被社会需要，丢掉工作的情况对未来劳动者来说可能是一个常发性风险。这需要社会管理者要么把专门的职业培训体系纳入社会福利系统，要么鼓励教育机构有针对性地开发"职业迁移培训"项目。而更为开放的学习渠道和互联网技术，在知识传播方面的贡献将在客观上助力劳动者尽快完成转业或升级。总之，这是生产劳动在现代性生产力系统中可能获得的积极一面。我们不难发现，社会生产力系统的自由发展，不但不会与劳动者对立，反而可以使劳动者通过生产劳动获得前所未有的内在的好处（good）。

但从消极的一面看，情况就大不相同了。在积极方面提升劳动者劳动技能和智识水平的科学技术，现在有可能会变成和劳动者"抢饭碗"甚至把劳动者"踢出局"的"罪魁祸首"。类似的问题从大机器生产时代早期就已经出现，马克思对此早有预见。针对当时热议的"机器排斥工人"现象，马克思认为，工人秘密捣毁机器不但不能保住自己的饭碗，反而会帮助资本家用自动化程度更高的机器替代人力。工人显然不知道，让他们丢掉饭碗的罪魁祸首根本不是作为社会生产力的自动化机器，而是机器被私人占有的财产关系。人与人之间这种看不见的社会关系，被资本主义的物化方式遮蔽了，使工人误以为机器才是自己真正的对立面。这一观点仍然适用于我们今天对智能生产的讨论。在资本受公共性约束的条件下，智能生产可以把人从机械化劳动中解放出来做别的事。公共性内在的伦理精神将要求社会有计划地转移和安置相关劳动力人口。但在资本控制社会的条件下，被人造劳动者替代的活人劳动力将会成为多余人口和社会福利系统"不能承受的生命之重"。正如卡普兰在《人工智能时代》里所言："马克思是对的：资本（其利益由管理者操纵）和劳动力之间的矛盾不可避免，而最终失败的则是工人。……作为一位经济学家，马克思在还没有想到人造劳动者的时候，就理解了工业自动化会用资本取代劳动力。但他无法预见的是，合成智能也能用资本来取代人的头脑。……真正的问题在于，富人仅仅需要不多的人（如果还需要的话）来为其工作。"[①] 在这种大背景下，劳动者对这个体制的反抗能力会越来越弱甚至趋向于零。这也难怪麦金太尔会对西方世界积贫积弱的社会主义力量心灰意冷。

如果说，生产劳动在现代社会生产力系统中的这两面都有可能发生，那么显然，实践筹划就比纯理论认识更为重要。也正是从实践筹划的意义上讲，任何一种可能改变现状的资源都是功能性的而非解释意义上的。抽象的道德的确不能改变什么，但能把历史往好的地方改变的实体必定是有道德的。这意味着，如果缺乏在道德上的实践筹划，变革将失去意义并发挥不了长远而稳定的作用。从这个意义上讲，G. A. 科恩是对的："我从不相信规范性原则与社会主义运动无关。我不相信许多马克思主义者认为的那样：因为社会主义运动是受压迫人民为了自身解放所进行的斗争，所以，这里根本不需要特别的道德激励。我之所以认为没有这回事，部分是因为我在童年时候亲眼看到身边那些积极的共产主义者巨大无私的奉献精神，部分是因为更深思熟虑的理由，即任何受压迫的工人的自利心都会让他待在家里，而不是冒着生命危险介入一场他参不参加都不会影响其成功或失败的革命。革命的工人，这个没有特殊物质利益的资产阶级天生的同

[①] [美]杰瑞·卡普兰：《人工智能时代：人机共生下财富、工作与思维的大未来》，李盼译，浙江人民出版社2016年版，第9页。

路人，必须有道德的激励。"①

相比科恩在政治哲学领域积极的理论筹划，麦金太尔在《追寻美德》中的态度显得有些消极。不过，即便是科恩觉得异常重要的"道德激励"，如果没有麦金太尔德性理论中的VL做实体，恐怕也使不上劲。更进一步说，虽然笔者承认麦金太尔的德性理论对马克思主义伦理学有益，但并不认同他把这个理论的核心部分VL放置在资本主义经济系统之外的做法。那么，我们可以在资本主义经济系统之中建立VL吗？很明显，笔者在此之前的讨论都是为这种"建立"寻求客观存在的可能性。在接下来的部分，笔者将在这些可能性的基础上讨论一种作为职业伦理共同体的VL。

这里说的职业伦理是一种在现代社会经济系统中广泛存在，但却并没有被充分重视和开发的道德实践资源。自现代经济社会诞生以来，最早把职业伦理当作现代政治资源加以筹划的思想家是法国社会学家涂尔干。在他看来，现代经济生活对社会道德的负面影响只有通过发展职业伦理才有可能消解："首先，社会激活了历史传统的当下生命，法团所具有的共有制形式以及凝聚着集体公共性的仪式、意识和精神，都是构造现代道德不可或缺的基础。其次，职业群体构成了连接个体与国家的一个重要中介既可作为个体所依恋的组织性载体，同时也为国家政治构成了富有弹性的保护带，从而避免了盲众性的个体因政治不满而形成不断革命和复辟的往复变迁。"② 以此为基础，笔者对涂尔干提出的职业伦理的政治与社会功能做了三个维度的拓展：其一，职业伦理是一种可以在现代经济生活中心地

---

① See G. A. Cohen, *History, Ethics and Marxism, Introduction in Self-ownership, Freedom and Equality*, London: Cambridge University Press, 1995, p. 3.
② 转引自渠敬东：《职业伦理与公民道德——涂尔干对国家与社会之关系的新构建》，载《社会学研究》2014年第4期。

带存续传统的实践资源。它可以成为某种传统向现代发生连贯性转变的载体和枢纽。由于职业伦理通过对经济生活的影响可以对现代市民生活道德起到奠基作用，因此，职业伦理的发展在根本上会对各种传统的现代转型及其延续产生全局影响。其二，职业伦理具有极其重要的国家政治和公共政治功能，不仅可以协调国家和分领域社会在总体上的政治伦理关系，还可以通过对资本的有效治理协调国家与"作为市场的社会"的经济伦理关系。其三，职业伦理是建立职业伦理共同体的前提，是劳动者在共同体中与他人共建自身同一性（social identity）的基础。职业伦理共同体不仅是连接国家与个人的纽带，还是个人获得文化存在感的依恋性组织。从这个意义上讲，在现代社会经济系统中建立以职业伦理共同体为标志的VL不仅是可能的，而且具有非常深远且十分重要的政治、社会和文化意义。

如果我们把职业伦理共同体当作麦金太尔德性理论中的VL来理解，那么职业伦理共同体就可以联通VT和VP。从VL与VT的关系来看，职业伦理共同体可以在资本主义传统中承继积极的一面VT，即进一步发扬现代生产力系统内部自由发展的伦理精神。与此同时，通过职业伦理对资本的治理还可以对抗并消解资本主义传统的消极一面。尽管我们不能过于乐观地估计职业伦理在这两个方面所能释放的社会能量，但忽视职业伦理这个当代社会最重要的道德实践资源是极不明智的。从VL与VP的关系来看，职业伦理共同体可以通过定义同一性的方式培养劳动者的VP，而对VP的践行反过来又会巩固VL并传承着VT。职业伦理以实在的职业活动为载体和对象，是客观存在的伦理关系。职业伦理关系中升华出来的职业伦理精神就是劳动者的公共意识、使命感、理想信念、责任心和工匠精神。劳动者可以在职业伦理关系中通过劳动实践获得内在的好处（good），同时养成基于这些实践的VP。从这个意义上讲，职业伦理既可以是麦金太尔德性理论中上承VT下接VP的关键环节，也可以是科恩说的那种"道德激励"的精神土壤。更有意思的是,发展职业伦理其实也是资本逻辑的内在要求。因为对资本逻辑来说,如果没有良好的职业伦理,就不会有高质量的产品、高品质的服务和现代市场经济信用体系。而如果没有了这些,资本就会失去相当可观的利润空间。对资本来说,尽管再不情愿,也不得不维持伦理的外观。

笔者对马克思主义伦理学的讨论虽然以麦金太尔的德性理论为框架,但这个框架显然是被马克思的社会理论改造过的。同时,由于马克思的社会理论缺少在道德实践筹划方面的资源,本书还融入了涂尔干讨论职业伦理的社会学理论。这些被综合起来的理论元素所构成的总体结论就是笔者对马克思伦理学现代构成方式的一种理解。这种理解为我们研究治理与伦理的结合提供了一个结构化的理论。这一理论不但为当代中国的伦理治理提供了建立在马克思主义理论基础上的框架,也为中国德治传统在这一框架中的延展提供了适宜的土壤。

第三章 中国德治传统与马克思主义伦理学

中国德治传统是一种政治伦理文化，马克思主义伦理学是社会主义伦理文化的理论基础，两者的结合是中国特色社会主义伦理文化的核心内容。上一章，我们通过对马克思主义伦理学的讨论，实际上为国家治理现代化背景下社会主义伦理文化建设提供了一个理论框架。这一章，我们将在这一框架中结合中国传统文化，讨论当代中国伦理文化建设的"中国特色"问题。

发展中国特色社会主义文化，提高国家文化软实力，离不开中国传统文化的创造性转化和创新性发展。习近平在主持十八届中央政治局第十二次集体学习时指出："要使中华民族最基本的文化基因与当代文化相适应、与现代社会相协调，以人们喜闻乐见、具有广泛参与性的方式推广开来，把跨越时空、超越国度、富有永恒魅力、具有当代价值的文化精神弘扬起来，把继承传统优秀文化又弘扬时代精神、立足本国又面向世界的当代中国文化创新成果传播出去。"[①] 对传统文化的创造性转化和创新性发展，需要系统地梳理传统文化资源，讲清楚传统文化的"中国特色"，讲清楚"中国特色"与社会主义文化的关系；需要根据时代精神和中国国情，在尊重文化传承发展规律的基础上，走出一条去粗取精、去伪存真、古为今用的新路子，为发展中国特色社会主义提供强大的精神动力和智力支持。

第一节　传统伦理文化的历史与现在

传统文化是中国特色社会主义文化的重要组成部分，发展传统文化

---

① 《习近平谈治国理政》，外文出版社2014年版，第161页。

是中国特色社会主义文化发展的重要方面。对传统文化的创造性转化和创新性发展，需要结合中国特色社会主义文化发展要求，系统梳理传统文化资源，总结传统文化的发展规律和基本特点，认清传统文化面对的时代境遇，找出传统文化彰显的"中国特色"。

（一）社会主义文化是传统文化的现代基础

实现传统文化的创造性转化和创新性发展，首先应当讲清楚传统文化与中国特色社会主义文化的关系，应当在社会主义文化发展的框架内把握中国传统文化。只有明确这个方向，才能理顺社会主义文化和传统文化的关系。

从发生学的角度看，文化发展有两个源头：一个是横向的、社会的源头，一个是纵向的、历史的源头。文化发展的社会源头是说文化属于上层建筑，在根本上受一定社会经济基础的影响。不同的社会经济结构，都有与之相适应的文化发展作为精神支撑。一方面，文化发展在根本上是为经济发展服务的，脱离一定社会的经济结构谈文化发展是不现实的。另一方面，有什么类型的经济发展就必然会出现与之相适应的文化发展，任何一种经济基础都会自然而然地衍生出满足自身发展需要的文化，这是经济发展的内在要求。在现实生活中，经济结构与文化发展的关系是不可分割的。也就是说，不存在没有一定文化支撑的经济基础，也不存在完全脱离一定经济基础的文化。我们只能在概念上做出区分，目的是更好地认识人类社会总体，达到"具体的总体"水平。如果把概念上的区分当作实际存在的社会现象，就会人为地割裂社会现实，对社会发展的理解就难免片面和局限，在实际工作中就难免会出现"经济发展至上"和"文化发展万能"的错误方式。从这个意义上讲，经济基础的性质从根本上决定了文化的性质和发展方向。资本主义经济自然需要发展资本主义文化，社会主经济自然需要发展社会主义文化。中国社会发展的社会主义性质从根本上决定了中国的文化发展自然是社会主义的文化发展。

文化发展的历史源头是民族文化的传承问题。我们要发展的社会主义文化，是我们民族自己的文化，是民族文化发展的内在要求。这意味着，社会主义文化发展脱离不了民族的文化传统，脱离不了中华民族在漫长的历史发展过程中积淀的价值观念、民族心理、行为习惯和思维方式。无论社会主义文化提出了何种与传统文化不同的时代要求，这些要求都只能从过往的价值观念、民族心理、行为习惯和思维方式转变而来。这并不是说，社会主义文化只是传统文化的简单延续，而是说，从民族文化的角度来看，传统文化是民族文化的过去，社会主义文化是民族文化的现在。从过去到现在，都是民族文化发展的不同历史阶段，无论这些阶段呈现出何种不同的样态，中华民族都是这个发展过程的实体和主体。而民族文化的传承从根本上就源于民族共同体的存续和发展。从这个意义上讲，没有传统文化，没有民族文化的过去，中华民族是不可理解的，从而中国特色社会主义文化发展就会成为无源之水、无本之木。进一步说，文化是与人类物质生活方式共生的精神生活方式。人们按照文化的方式理解人类生活，理解人自身，为自己设定生活的价值和意义。人一旦进入某种文化，或者说按照某种文化方式生活，就会在文化中定位自己，按照一定的文化要求自己，最终成为"某种文化的人"。任何一种文化都包含着成为"这种文化的人"的由来、原因和过程，包含着"这种文化的人"存在的理由。而在这些理由中，同时也蕴含着"这种文化的人"存在的价值和意义。所以也可以说，文化的历史构造了文化的现在，文化历史就是文化现在的一部分。中国特色社会主义文化发展自然要求传承中华民族传统文化。

中国特色社会主义文化的两个源头相辅相成，缺一不可。但从文化建设的角度讲，社会源头是基础性的，历史源头是功能性的。当代中国的社会主义性质决定了我们只能依据文化的社会主义标准评判传统文化，而不能反过来按照传统文化的标准评判社会主义文化。从历史唯物主义的立场来看，中华民族的传统文化是建立在自然经济基础上的封建等级文化。它从封建经济中来，本质上是为封建社会经济基础服务的。所以，对待民族传统文化，我们首先要把古代社会的精神生活方式从物质生活方式中剥离出来，也就是把文化的抽象形式和文化的实质内容分离开，根据现代文化的社会主义标准对传统文化的抽象形式加以改造，赋予新的社会主义文化的实质内容。这样，传统文化才能发挥服务现代社会生活的作用，传统文化才能以新的方式延续下去。从这个意义上讲，应该按照社会主义文化的性质、发展方向和要求批判地继承民族传统文化，把传统文化的积极因素转化为构建社会主义文化的要素，融入社会主义文化发展，使转化了的传统文化能以新的方式发挥作用，推动中国特色社会主义文化大发展大繁荣。

（二）传统文化的社会基础和主要特点

中国传统文化源于中国古代特有的社会结构。这个社会结构既反映了经济生活的一般性特征，也反映了地域民族的独特性，是一般性与特殊性的统一。一般性是指，中国古代社会的经济基础是自给自足的自然经济。传统文化在根本上是自然经济的物质生活方式在精神世界的反映。特殊性是指，血缘关系作为基本的自然属性渗透在整个社会结构中，融入传统文化的方方面面。自然经济与血缘关系的结合孕育出"家国同构"+"差序格局"的社会结构，生发出独特的传统文化。中国社会特有的价值观念、风俗习惯、规范礼仪和思维方式正是源于此。

自然经济是自给自足的物质生活方式。它以家庭为基本的生产单位，从事简单的农业生产和手工制造。在自然经济条件下，生产不是为了进行交换，而是为了满足基本的生活需要，自给自足，这是一个封闭的回路。它从自己的需要开始，通过自己生产，满足自己的需要。这种物质生活方式形成了一种以自己为中心向外扩展的形式。自己是"本"，扩展的路径是"道"，"本立"才能"道生"。从这种活动方式在精神世界的反映来看，自然经济必然催生出一种本质主义的思维方式，即首先确立一个基本点、一个根本、一个实体，由此生发出各种联系，最后再回归或归结于原来的基本点、根本和实体。在中国传统文化中，仁本、人本、民本、以德为本、以诚为本、以合为本，等等，都是在不同方面、不同层次上对这种思维方式的贯彻。这种思维方式，对中国古代社会和其他以自然经济为物质生活方式的古代社会而言，并没有根本的差别。

自给自足的物质生活方式虽然框定了从自己向外界扩展的大体形式，但并不必然地决定"具体的扩展结构"。对中国社会而言，这个"具体的扩展结构"是以血缘的方式展开的。血缘关系十分独特，它可以生发出一种"一体两用"的生活体系。"一体两用"在这里指"血缘"这个"体"，既可以是"自然事实"，也可以是"价值标准"，从而融合了"事实—价值"关系。显然，"价值标准"是建立文化的基石。在血缘关系上反映的亲疏远近"天然"地为价值标准设定了"价值序列"，同时从自然主义的立场为这个价值序列提供了"天然"的正当性。当人们把血缘理解为某种"天经地义"的价值合理性时，血缘就作为一种不可还原的解释依据成为价值排序的最终标准。一方面，作为自然事实的血缘关系设定了价值序列；另一方面，被设定了的价值序列又支撑着血缘关系。两者彻底地融合在一起，相辅相成，互相依托。血缘关系所造就的"事实—价值"一体的模式，在很大程度上抑制了宗教神学在中国古代社会的发展，催生出中国传统文化中特有的自然主义倾向。可以想见，如果自然主义可以作为生活世界最终的解释依据，那么宗教神学就很难插足，它只能在血缘世俗之外重新构建一个平行的精神世界。

　　自然经济与血缘关系的融合孕育出独特的"家国同构"+"差序格局"的中国古代社会结构，生发出特有的传统文化。不难看出，"家国同构"和"差序格局"也是由一个点向外扩展的形式：由"家"扩展至"国"，由"己"推出去的有差别的排序。但是，这种扩展形式中已经包含了血缘关系。家庭、家族本身就是一个血缘共同体，"国"是"家"在社会层面的类比。这意味着，"国"可以根据"家"的血缘方式来理解、去组建，从而"治国"就可以根据"齐家"的方式来治理。但在一"家"和一"国"之内，人们应当依据何种规则行事？应当如何处理关系、化解矛盾？差序格局正是在这里发挥作用。正如费孝通在《乡土中国》中所说，"以'己'为中心，像石子一般投入水中，和别人所联系成的社会关系……我们儒家最考究的是人伦，伦是什么呢？我的解释就是从自己推出去的和自己发生社会关系的那一群人里所发生的一轮轮波纹的差序"[1]，"我们社会中最重要的亲属关系就是这种丢石头形成同心圆波纹的性质"[2]。可见，这个差序格局就是以"己"为中心展开的按血缘亲疏划分等级的人伦秩序。虽然在这个秩序内，也包含"非亲非故"的生人，但血亲关系是"本"，是主体，血亲关系之外的关系是"末"，是那个一轮轮波纹的最外围，并不能影响这个秩序的根本结构。由此，在一"家"、一"国"之内，血亲关系构成人伦秩序，在"家""国"之间，一个"大家"代表一"国"治理"众小家"。这个"大家"就是帝王之家，皇帝既是"大家"的家长，也是"众小家"的家长。

　　了解中国古代特有的社会结构，才能把握反映这个社会结构的古代人的精神世界，才能理解传统文化。总体上看，中国传统文化的特点主要有

---

[1] 费孝通：《乡土中国　生育制度》，北京大学出版社1998年版，第27页。
[2] 费孝通：《乡土中国　生育制度》，北京大学出版社1998年版，第26页。

四个方面：

1. 重视人伦关系

中国古代社会重视人伦关系，按照人伦关系建立社会秩序。所谓人伦关系，就是按照一定的标准划分不同类型的人群。在古代社会，这个划分人群的标准就是血亲关系，也就是以血缘亲疏划分人与人之间的层级关系。相应地，在每一级（伦）标准上，既有协调级（伦）与级（伦）之间的伦理原则，也有每一级（伦）对应另一级（伦）的道德要求。《孟子·滕文公上》里说：父子有亲，君臣有义，夫妇有别，长幼有叙，朋友有信，这个"亲""义""别""叙""信"就是伦理原则。《礼记·礼运》里说：父慈、子孝、兄良、弟弟①、夫义、妇听、长惠、幼顺、君仁、臣忠，这个"慈""孝""良""悌""义""听""惠""顺""仁""忠"就是一方对另一方的道德要求即"德"。以人伦关系为基础，靠伦理原则和个体道德维系，中国古代社会建立了等级分明的社会秩序。汉以前，尽管对等级之间伦理原则和道德要求的提法不尽相同，但这个大体框架已经形成。汉以后，在大一统政治意识形态管理的要求下，该框架体系越来越明确，变成了等级森严的伦理秩序。三纲就是这个秩序的集中体现。

《论语·学而》里说："君子务本，本立而道生。孝弟也者，其为仁之本与。""孝"是"子"对"父母"而言的道德要求；"悌"在"孝"之后，意思是要敬爱兄长。孔子的学说以仁为本，仁者爱人，而孝悌又是"仁之本"。这意味着，即便"仁"可以包含广义上的博爱，但始终是从最核心的父母兄弟之爱开始的。孝悌作为维系这种核心血亲关系的道德要求，自然排在家庭道德价值序列的首位。这种差序在三纲中变成绝对的等级。"父为子纲""夫为妻纲"给最小的血缘共同体规定了父亲在家庭中

---

① 同"悌"。

至上的地位。"国"类比"家","国"就是"大家",由帝王之家统率治理,皇帝就是天下人的大家长。相应地,如果在"家"要尽孝,那么对"国"就要尽忠。按照"家国同构"的类比,"孝父"和"忠君"是一体的,"忠君"就是孝顺皇帝这个天下人之父。在三纲中,"君为臣纲"排在了首位。这意味着,如果"忠孝不能两全","忠君"应在"孝父"之先。等级分明的人伦关系渗透在古代社会生活的方方面面,其中体现的伦理原则和道德要求严格规定了人际交往的原则和规范,成为整个古代社会生活秩序的基本结构,逐渐固化为人们日常生活中的思想意识。通常说中国传统文化是一种伦理文化,主要就是从人伦秩序这个角度说的。

2. 强调道德修养

中国传统文化是伦理文化,特别看重建立在人伦关系之上的伦理道德。伦理讲的是关系和原则,道德讲的是个人品质,是从伦理关系中有所"得"之后形成的"德"。按照现代伦理学的说法,就是把人伦关系中的原则内化成自己的道德品质。由于伦理原则最终只有落实在个体道德行为上才能实现,所以个体道德就非常重要。而且汉以后,作为人伦原则的伦理纲常越来越绝对化,在伦理原则动不了的情况下,人们自然就会把劲儿使在个体道德上。中国传统文化特别强调个体道德,强调在个体道德上下功夫,不断地进行道德修养。这种修养功夫以传统文化设定的道德理想和人格特质为圭臬,给希望配享君子美誉的人提供了由低到高的精神境界阶梯。

中国传统文化把伦理道德看作人之为人的根本。《孟子·离娄下》里说:"人之所以异于禽兽者几希,庶民去之,君子存之。舜明于庶物,察于人伦,由仁义行,非行仁义也。"意思是:人区别于动物的地方其实只有一点点,一般人丢弃了它,君子保留了它。舜从万事万物中明白了这个道理,从人伦关系中发现了这个道理,因此能够按照仁义的要求行事,而不是做仁义的表面文章。很明显，在孟子看来，人之所以异于禽兽，就在于人有道德，而道德源于人伦关系，核心是仁义。如何才能行仁义道德？古代思想家提出了许多行事方法，对外强调协调关系，对内强调修炼内心，归结为一点就是道德修养，按传统的说法叫修身。《大学》里讲格物、致知、诚意、正心、修身、齐家、治国、平天下八目，其中修身是关键和枢纽。做到格物、致知、诚意、正心、修身才可能"内圣"，做到齐家、治国、平天下才可能"外王"。

修身是个过程，不可能一蹴而就，需要循序渐进、按部就班。在这个过程中，德贯穿修身的每个环节。内修德性，成为有德之人，必然会在日常生活中行事道德，在政治生活中推行德治。这就是传统文化中伦理政治的伦理学基础。在这个过程中，修德的内在目标是"成圣成贤"的理想人格，外在目标是齐家、治国、平天下。古代思想家经常提及圣贤的为人处世治国之道，这意味着，只有越向圣贤靠近，才越有可能齐好家、治好国、平天下，最理想的状态是由圣贤来治国、平天下。在这个过程中，评价标准就是一级一级由低到高的上升境界。最高境界就是儒家提到的"慎独"，是说在没有人看见的情况下也能自觉按照一定要求约束自己，这才是真正的道德。在这个过程中，有一个总的方法论，就是"知行合一"。总的说来，中国传统文化十分重视道德修养，甚至把它看作立人成人的必修课。

3. 推崇整体精神

中国传统文化讲求团结统一，推崇整体精神。受地理环境和地缘民族政治的影响，中国古代社会是一个崇尚大一统的国度。大一统政治必然与大一统文化相匹配，把整体看得高于局部，认为局部应当服从整体。更为重要的是，中国古代推崇的整体精神是和义利关系结合在一起的。

孔子最早区分了义利，认为"君子喻于义，小人喻于利"（《论语·里仁》）。"义"在这里指必须遵守的道德原则。"利"不是对一般利益的泛指，而是指个人私利。孟子进一步强调义，认为"何必曰利？亦有仁义而已矣"。（《孟子·梁惠王上》）孟子所讲的利，也是个人私利。在荀子看来："义与利者，人之所两有也。虽尧舜不能去民之欲利，然而能使其欲利不克其好义也。"（《荀子·大略》）任何人都会考虑个人利益，但是不能让个人利益妨害道德原则，要在道德原则的指导下追求个人利益。

"义"虽是道德原则，但也涉及利，这个利，不是私利，而是公利。从本质上说，义利关系反映的是个人利益和公共利益的关系，简言之，义利关系实际上是公私关系。中国传统道德历来认为公利应当高于私利，以先公后私为荣，以先私后公为耻。《论语·泰伯》里就说："天下有道则见，无道则隐。邦有道，贫且贱焉，耻也；邦无道，富且贵焉，耻也。"也就是说，私利应当和公利保持正相关关系，公家荣则私家荣，公家耻则私家耻。倘若公家荣而私家耻，或公家耻而私家荣，对个人来说都是耻。所以，从荣耻的标准来看，公私兼顾、先公后私、公而忘私、大公无私是荣，而先私后公、以私害公、假公济私则是耻。

在这种以公私关系为核心的整体精神的影响下，中国传统文化自然衍生出另外两个特征：一个是讲和谐，一个是讲义务。整体精神要求从事物的整体出发看待问题，自然重视大局观念和做事格局。既然有大局观念，势必要减少冲突、减少矛盾，把全盘和谐看得尤为重要。整体精神中蕴含的和谐观念并不排斥矛盾，而是在求同存异的基础上和平共处。这种整体精神后来逐渐演化成"天下为公"的思想，求同存异中的"同"归根结底就是天下人的"公"。显然，它还是和公私关系密不可分的。而且既然是讲整体，讲服从大局，那么整体的义务和责任显然就要高于个体的权利和自由。尽管这种强调履行义务的倾向后来发展成禁锢甚至窒息个人自由的局面，但它的积极意义还是有的。特别是在强调民族大义、爱国主义的时候，这种整体精神中蕴含的重义务思想依然成为中国人自我牺牲精神的心理原型。

4. 提倡仁者爱人

中国传统文化以儒家文化为首，儒家文化以仁爱为核心。仁者爱人的思想体现了儒家一贯重视的人本主义精神，是传统文化的一大特色。

如前所述，孔子讲的仁者爱人，最初是以孝悌为核心的。但仁爱思想里的确也有"泛爱众"的意思，这是仁爱思想特殊性与一般性的统一。这种统一不只是思想上的归结，还有心理上的作用。从特殊性上看，虽然仁爱最初只是在父母兄弟之间发挥作用，但在差序格局的影响下，其以血亲共同体为核心向外扩展，也是一种情感的传递。从人类情感的一般角度来看，情感可以由血缘产生，也可以由社会产生，即社会情感。血缘因素和社会因素只是情感的诱因，最终都必须通过人类情感的一般规律发挥作用。从这个意义上讲，仁者爱人中最先发挥的血缘亲情看似围绕在家庭私情的层面，但从另一方面也可以把血缘引发的情感通过推己及人的方式传递给非亲非故的外人。推己及人不仅是一种思考问题的方式，同样也是一种移情和换位思考的心理原型。正是通过这种心理作用，仁爱才可能由最初的孝悌之情发展成具有普遍意义的博爱之情。这是中国传统文化独特的一面，也是中国人本精神和西方人本精神不同的地方。西方也强调人本精神，特别是文艺复兴之后的人道主义精神，是近代以来西方社会意识形态的核心观念。但西方人讲的人本精神多侧重价值理念，知的一面，少有从情感角度理解人本主义。中国传统文化里就不同，仁者爱人的人本精神突出在一个"爱"字上，所以，这种人本精神虽然也有"理"在其中，但是包含了"情"的"理"。在中国传统文化中，所有的"理"都是一种情理，而非西方人在知性意义上建立的"理"。之所以有这种不同，盖源于中国社会强调血缘关系。血缘关系虽然给中国传统文化带来了消极的一面，但也蕴含了积极的一面，仁者爱人的人本主义精神就是最好的一个例子。中国人常讲"大爱无疆"，就是对这种仁爱原则的无限推广，甚至推广到了自然界。如果撇开仁爱原则中的消极因素，它的积极因素正是现代社会不可或缺的正能量和价值资源。

（三）传统文化的时代境遇

中国古代传统文化适应中国古代封建社会的经济基础和政治上层建筑，维护的是自然经济生活方式和礼制等级社会。而当代中国社会的经济基础是多种所有制条件下的社会主义市场经济体制，政治上层建筑是社会主义民主政治。经济基础及政治上层建筑的变化，在客观上需要思想上层建筑与之相适应。这意味着，中国古代传统文化要在新的历史境遇中面对新的时代要求更新换代。传统文化的生命力，就体现在它是否能够在适应时代发展要求的基础上开发新的文化号召力和驱动力，以使我们的社会主义文化能够更多地体现出自身的民族特色和与众不同的社会主义形式。要做到这一点，我们首先应当了解传统文化究竟处在何种境遇当中，时代发展究竟给传统文化提出了什么样的要求。

现代社会与传统社会的根本不同，就在于社会的经济基础发生了变化。传统社会是自然经济，现代社会是市场经济。经济生活方式的转变是不以人的主观意志为转移的客观实在，尽管它不可避免地需要精神生活的参与，但它更需要适应经济生活的精神生活方式。从这个意义上讲，传统文化要成为现代文化的重要力量，就必须融入社会主义文化；只有融入社会主义文化，才能参与和推动当代中国的文化建设。

中国特色社会主义的市场经济和一般意义上的市场经济不同，是多种所有制条件下的市场经济。所有制结构的复杂性通过市场经济这个经济运行方式表现出来，就更加复杂和多样。这在客观上造成了文化发展的多元化趋向，给文化建设带来了一定的难度。与自然经济不同，市场经济的运行方式以商品交换为中枢。社会生产不像在自然经济条件下是为了满足生产者的生活消费需要即自给自足，而是以交换为目的。生活消费需要不是直接得到满足，而是通过与别的生产者进行交换得到满足。这种经济生活方式反映在思想文化意识领域，就不再像以往那样，以"自己"为中心向外扩展社会关系。反过来，每一个"自己"都变成整个社会网络中的一个"节点"和"终端"。每一个"自己"只有找到"自己"在这个社会网络中的地位和作用，才能确立社会身份并进入社会。离开了这个庞大的社会生活网络，单个人的存在是没有基础的，没有价值的。从消极的意义上看，个人在整个社会生活网络中变得"微乎其微"，从而"自己"的价值和意义被"稀释"。从积极的意义上看，个人与社会相互融合的渠道越来越多，个人与社会紧密结合的程度也越来越深。如何发挥这种社会网络对个人的积极意义而避免消极意义，是在新形势下构建个人与社会关系的重点。

经济生活方式的变化改变着人们赖以生活的社会结构，从而改变着人们看待、认识、理解、参与这种社会结构的精神世界及其精神生活方式。

首先，随着社会结构越来越趋向扁平化，传统社会的等级礼制文化不再适应现代社会的发展要求。如果说传统社会是等级礼制文化主宰下适当考虑平等的社会格局，那么现代社会则是以社会平等为基本条件兼容差等的社会格局。从这个意义上讲，中国古代社会自汉以后推崇的三纲，就应该作为糟粕被抛弃。所有传统文化中推崇等级制的内容都要得到清理。更为重要的是，古代社会等级制的思想基础是等级人性论。绝大多数思想家在规定人性的时候总是会把人划分为三六九等，同时把这种区分归结为个人禀赋天赋，或是先天缺陷（原罪）。在这一点上，西方是如此，东方也如此。其实,区分人性等级是为了给社会生活中现实发生的等级制提供解释和理由。在古代社会,由于生产力发展水平低下,人类通过改造自然满足需要的能力有限,客观上为带有剥削性质的等级制提供了条件。在按照一定生产等级制下分工劳动的人,往往受到劳动对象和劳动本身的束缚,人的发展受到限制,人的能力表现单一。这往往会给人造成一种假象,好像这些人天生就是这样,天生就该做这些事,一切都是"命中注定"的。实际上,这是把由等级分工造成的人的发展的不平衡这个结果当作了之所以会出现等级分工的前提和原因。这是一种倒果为因的做法,但在古代社会,人们还不能确切地认识到这个问题。现代社会则不同,社会网络结构是扁平的,这源于市场经济交易主体之间的等价交换原则。马克思说"商品是天生的平等派",就是说这种基于市场主体平等交易身份的等价交换方式,在客观上把每个人置于平等的社会地位。经济生活在交易领域的平等地位客观上给平等的社会结构提供了基础。尽管现代社会也讲差等,但这个差等是在平等基础上的差等,并不是社会基础的基本构架,而且和传统社会强调的等级制是完全不同的。这种差等更多地强调在社会分工基础上的社会职能的差别,对事不对人。相反,古代社会则是因人说事,只有先具备等级身份才能名正言顺。

其次,传统社会的组织文化是家庭文化,而现代社会的组织文化是社会团体文化。组织文化格局的变化对文化的核心价值观念、规范体系等具有重要的变革意义。传统社会的组织文化之所以是家庭文化,是因为家庭是传统社会基本的生产单位。在家庭这个社会基本组织单元内,家庭内部的组织文化(主要变现为家风)不仅是通常意义上"齐家"文化,更是一种生产文化。而主要因为家庭组织文化是生产文化,所以通常意义上的"齐家"文化才是重要的。古代"家国同构"的社会格局从另一个意义上也反映出,古代是没有现代意义上的"社会"概念的。也就是在"国"与

"家"中间,没有一个普遍的联系人际关系的"中间社会层"。古代社会超越家庭组织的社会单位是村落,但村落也多以血缘氏族为基础。换句话说,村落只是家庭结构在一定范围内的延伸,并没有在根本上改变整个社会的家族文化结构。这种以家庭文化为基本组织文化的状况是和人们的自然经济生活方式联系在一起的。在社会生产力不发达的条件下,在以农业为主的主要受地缘限制的产业格局条件下,古代社会不可能也不需要发展出一种在"国"与"家"之间产生普遍联系的"中间社会层"。其实,不只是在中国,西方也是如此,"市民社会"这个概念就是18世纪的产物,它的主要功能是维系人们的物质生活。其实这个物质生活主要就是市场生活。在自然经济向市场经济的过渡过程中,"市民社会"(中间社会层)开始成为独立的社会单元并成为重要的交易场所。社会交易的普遍发生逐渐把家庭的生产职能向社会组织转移。从开放交易到由交易引导生产,社会经过"市民社会"这个"中间社会层"逐渐形成了现代的市场经济体制,从而导致以生产和交换为主要核心的经济生活从家庭组织中脱离出来成为社会组织的专门活动。所以,现代市场经济催生了以社会团体为基础的组织文化。家庭作为私人领域,越来越只具有"居家"的含义。从这个意义上讲,父慈子孝可能在古代社会不仅是家庭道德问题,也是协调生产关系(财产关系)和交换关系的隐秘原则。但在现代社会,源自家庭伦理的规范显然不再适用整个社会的结构及其文化要求。所以,在价值排序上,我们就应当把社会组织文化的价值标准而非家庭文化标准排在前面。正如在现代社会许多家族私人企业中,关于家庭成员介入企业管理的方式就突出地反映了这个问题。如果家族企业不能很好地贯彻这个原则,那么企业经营管理方式就很容易从"规治"走向"人治"。但是,这么说并不是要取消家庭文化,应当根据现代社会生活重新定义家庭的社会功能,并在此基础上建设家庭文化。例如,现代家庭尽管不是生产单位,但却是重要的教育单元。针对现代社会"中间社会层"道德教育弱化的局面,家庭教育,特别是家庭德育文化的发展对现代社会的道德环境和人的道德素质的养成有着重要的社会作用。

最后,传统文化中的血亲模式应当逐渐转变为现代文化的亲社会模式。通常讲传统社会是"熟人社会",现代社会是"生人社会"。熟人社会是特指有血缘关系的或者以血缘关系为核心展开的裙带关系网。讲社会的"熟人性"并不是说见人就熟。在传统社会,社会的"熟人性"有重要作用。它是维系村落共同体的人际基础,对乡村政治及建立其上的村落文化起着重要的舆论场的作用。每一个村落就是一个小社会,在这个小社会中,大家都是熟人,客观上既加深了人与人之间的纽带,也约束和规范了个人生活。现代社会中的人,恰恰是从这些家庭和村落中走出来的人,失去了原有的舆论场,个人在大社会中充分享受脱离母体的自由的同时,在客观上也走出了熟人社会舆论场的作用。但是,现代大社会并不是一个松散的结构,而是有着高度协调依赖性的社会协同体,这个协同体通过具有普遍意义的立法约束人的行为,人与人之间不再是熟人,而是法律意义上的陌生的自然人。人与人连接的纽带不再是血缘,而是社会关系,主要是工作关系。这种变化发展正如婴儿脱离母体开始独立生活,其既眷恋与生俱来的血缘亲情,也向往独立生活的自由,这种双重的社会心理特别是在社会转型期影响着人际交往结构。但从现代社会发展的趋势来看,建立在血亲模式上的传统文化毕竟具有局限性,应当逐渐转变为现代文化的亲社会模式,也就是从社会角度出发从事有利于他人的事。建立在血亲模式上的人际交往会走向人治裙带效应,不利于现代社会的长远发展。现代社会的人际关系应当更多地建立在社会情感而非血缘亲情的基础上。这并不是说要放弃血缘亲情,而是说只有在社会情感基础上的血亲模式才是合理的和健康的。从这个意义上讲,传统文化中建立在血亲模式上的差序格局应当发生转变，在更多地朝向他人、社会后反观自身，重新建构自身。

总的说来，传统文化应当根据社会基本生活方式的变动调整文化发展的格局，重新定位传统文化的功能、作用、价值和意义，这样才能找准传统文化发展的方向和重心。若是脱离了这一点，传统文化既不能完成复兴中华民族传统的历史使命，也会逐渐丧失自己的生命力。

第二节　中国优秀传统文化的创造性转化

对传统文化的创造性转化，就是根据时代发展要求，把中国传统文化的优良基因发掘出来，去伪存真，去粗取精，古为今用，融入中国特色社会主义文化建设的方方面面，更好地为中国特色社会主义现代化建设服务。

（一）文化的传承与创造性转化

民族是文化的实体，正如现实的人是精神世界的实体。人只要活着，就会不断发生变化，或是在一种状态中延续，或是从一种状态过渡到另一种状态。无论他处在哪种状态，人都是精神世界的实体，或者从精神世界的角度说，人是精神世界的载体。正如人的未来基于人的现在，人的历史构成人的现在。人不可能横空出世，也不可能一蹴而就地获得发展。不管他在头脑里如何想与过去决裂，不管他想如何重新开始，过去和历史总是现在和未来的一部分。民族也是如此。就连民族这个概念也都是一个历史概念。民族之所以被称作民族，就是因为它是在历史过程中形成的某个人类共同体。任何一个民族，无论它是在一种状态中延续，还是从一种状态过渡到另一种状态，民族传统文化总是民族发展的起点和出发点。从这个意义上讲，没有民族传统文化，民族便不能称其为民族。因而，民族文化的传承就是民族得以生长、赖以延续的精神血液。

传承民族文化，或者在一种文化生活方式中延续，或者从一种文化生活方式向另一种文化生活方式过渡。是延续还是过渡，倒并不因为民族传统，而是看那个民族所处的时代对民族发展提出的要求，以及这个要求如何在这个民族的精神世界，即这个民族的文化中体现出来。当我们讲需要创造性转化民族传统文化的时候，就意味着，民族文化需要从传统向现代过渡，需要发展，需要转化。这就是文化的创造性转化。

文化的传承与创造性转化包含民族传统的延续和发展两个相互融合的主题。因此，它同时具备两个要求：一个是要延续；一个是要在延续的基础上为了发展而转化。从这个意义上讲，文化的传承与创造性转化就需要做到以下两个方面，同时也是应该遵循的两条原则：

其一，从文化延续的角度说，文化发展必须从文化传统中来。尊重传统，尊重历史，才能有独立的民族性，才能有民族的自尊、自信和自强。一个没有历史和传统的民族，便不能被称为民族，一个不尊重自己历史和传统的民族，也不会有民族认同感和归属感。这也意味着，讲文化的传承和创造性转化，不能走向疑古、反古的道路，认为传统的东西不值一提，都是过时的糟粕，应该扔进历史的垃圾堆。殊不知，即便当一个民族开始面对新的时代开始新的文明时，也必定要从一个肯定的基础出发，在一个肯定的基础上进行否定和否定之否定的发展。如果这个肯定的基础都被否定，那么随之而来的否定和否定之否定就是建立在虚无的基础之上。正是从这个意义上讲，极端地疑古、反古，最终必定会走向历史虚无主义。在历史虚无主义基础上建立起来的所谓新的文明是没有认同感和存在感的。正如一个人不可能不知道自己是从何而来的就知道自己是谁，一个民族也不可能不知道它从何而来的就知道自己是何民族。所以，极端地疑古、反古这种对待传统文化的态度是不可取的。历史地看，凡是走向历史虚无主义的社会思潮，最终也会走向未来虚无主义。因为这是一种纯粹的、没有根基的、极端的怀疑力量，它在虚无和怀疑一切的同时也必定虚无和怀疑自身，从而陷入无休止的虚无主义的历史黑洞。

其二，从文化发展的角度说，文化传统必须面向时代。面向时代精神，面向现代文明，才能有生生不息的民族活力。不能根据时代精神状况调适并发展自身的传统文化，是没有生命力的文化，无论这个文化曾经有过多么辉煌的历史，概莫能外。这也意味着，讲文化的传承和创造性转化，不能走向复古、崇古的道路，不能认为只要是传统的东西就是好的东西，它可能和新的东西、现代文明格格不入。正是从这个意义上讲，极端地复古、崇古最终必定会走向历史循环论和历史倒退论。历史循环论认为历史运动遵循周而复始的道路，循环往复，不可能有实质的进步和发展，所谓的历史进步只不过是换汤不换药的走过场。历史倒退论认为历史在某一个时间点已经达到完善境地，从这个境地出发，历史大不如前，只是在不断地倒退；我们无法回到过去的历史高点，只能在一定限度内制约或缓解倒退的发生。与历史虚无论相反，历史循环论和历史倒退论是另一个极端，正如历史虚无论怀疑过去一样，历史循环论和历史倒退论怀疑的是现在。反过来也能看到，历史虚无论肯定的是现在，但肯定的是没有过去的现在，从而肯定的是虚无的现在。而历史循环论和历史倒退论肯定的是过去，但肯定的是没有未来的过去，从而肯定的是虚无的过去。这两类历史观都是封闭的自我旋转的历史观，和辩证发展的历史观格格不入。

历史虚无论、历史循环论和历史倒退论是三种偏执的历史观，它们之所以会产生，缘于寻找确定性的文化焦虑。这三种历史观都是在文化身份认同过程中表现极端的焦虑心理的反映。这三种文化心理看似一方推崇现在怀疑历史、一方推崇历史否定现在，实际上都是在面对新问题时，无法找到新出路、新办法的表现。历史虚无论往往看重现在，关注未来，带有激进的理想主义色彩。但当这种激进的理想主义面对棘手的现实问题得不到解决的时候，通常会把责任归咎为历史惰性，认为历史是现在发展的羁绊和禁锢，只要与传统划清界限、根断历史，就能在新的基础上建立新秩序。然而结果恰恰是，由于在现实性上无法通过回避问题的方式从历史传统直接进入理想主义蓝图，历史虚无论难免自说自话且自以为是。因为在历史和未来之间，总要通过现在作为中介和过渡环节。现实问题得不到解决，理想主义只能在自我封闭的理想状态中进行激进的自我更新。同样，历史循环论和历史倒退论在面对棘手的现实问题得不到解决的时候，通常会把责任归咎为现在的"越轨"，认为现在是脱离历史传统轨迹的"不正常"和"盲动"，只有放弃所谓新的东西，回归历史轨迹或者向历史上某一个时间点回归，才能保持"健康"的常态。历史循环论和历史倒退论支撑着文化保守主义，然而结果往往是，新的现实问题已然发生，通过无视或忽视新问题的方式并不能从根本上解决新问题。文化保守主义想通过"捂住盖子"的方式循规蹈矩，却往往事与愿违，刺激新问题以更快更猛烈的速度爆发并蔓延起来。如果说历史虚无论支撑的文化激进主义是以空想的理想主义为中心自我旋转的封闭体系，那么历史循环论和历史倒退论支撑的文化保守主义就是以历史传统为中心自我旋转的封闭体系。它们都是无力解决现实问题的结果，都是在理想与现实之间、过去与未来之间犹豫不决徘徊不前焦虑心理的反映。如果当下的文化不能给人提供基于文化认同的确定性，而文化又必须通过这种确定性成为主体，那么它就只有在历史传统或是未来理想中寻求这种确定性，只不过，这种确定性是一种假象的确定性。因为现在已非传统，理想未及现实，对于处在不断变化中的文化来说，它不可能在静止的历史过去和抽象的未来中找到当下的确定性。这意味着，如果出现这些寻找确定性的文化焦虑心理，民族文化就必须经历创造性转化，只有这样，民族文化才可能获得实质性的延续和发展，这种延续和发展还可以在同一个频率上进行。

从这个意义上讲，民族文化的创造性转化就是历史传统和未来理想之间的中间环节和过渡阶段。在这个过程中，似乎应当首先了解在历史传统中究竟有哪些东西值得被转化。但实际上，"值得"意味着我们要根据未来理想的"普照的光"投射出历史传统的亮点，也就是要根据时代发展趋势寻找传统文化中的优良基因。同样，我们也可以说，未来理想的发展趋势应当是传统文化中优良基因的自我发展过程，是在传统基础上的延续。这需要我们站在现实的基点上，同时把握历史传统和未来理想两头，让它们接续起来得以融贯，从而使民族文化在历史和未来的张力中得以传承。

（二）中国传统文化的优良基因

中国传统文化的优良基因是中华民族精神的集中体现。中华民族精神以爱国忧民为核心，讲求团结统一、爱好和平、勤劳勇敢和自强不息。

1. 爱国忧民

自古以来，爱国精神不仅王侯将相有之，寒素之士亦有之。宋朝诗人陆游被免官后曾患病多日，痊愈后写下《病起书怀》两首，其中有句"位卑未敢忘忧国，事定犹须待阖棺"的话传诵至今。诗人感慨自己一生屡遭挫折，已近迟暮之年仍壮志难酬。尽管如此，诗人依然对前途充满希望，告诫自己即便身份卑微，也要时刻心怀国事民生，但愿有朝一日还能实现报国之志。从此，"位卑未敢忘忧国"便成为忧国忧民的寒素之士自勉自励的箴言。后来，明清之际的思想家顾炎武更是写下"保天下者，匹夫之贱，与有责焉耳矣"的豪言壮语。"天下兴亡，匹夫有责"渐渐被看作每个老百姓责无旁贷的历史担当。由此可见，爱国主义历来就是中国社会各阶层的共同心声，是历久弥新的民族传统。

中国人讲的爱国主义是一种"情理"，一种把热爱祖国的激情与合理的爱国理由结合起来的"情理"。在爱国主义中，"情"和"理"的关系是随着历史社会的发展不断变化的，许多问题需要具体分析，不能一概而论。

中国人讲的道理，都有个"情"字在里面。这是我们民族的传统，也是民族的特色。从表面上看，在传统社会，无论是中国还是西方，爱国大致都是和忠君联系在一起的，忠于君主就是爱国。但实际上，与西方有所不同的是，在中国古代社会，之所以爱国就是忠君，是因为其中有个"家"作为纽带和桥梁，这是中国传统社会特有的"家国同构"秩序造成的。在这个社会框架内，家是小国，国是大家，家与国在组织结构上是相通的，全靠血缘宗法关系维系，实行父权家长制。所以，就像《墨子·尚同下》中说"治天下之国若治一家"一样，家是什么样，国大致就是什么样，齐家和治国往往看作一回事。

不难想象，在父权家长制下，最重要的道德原则一定是"孝父"。血缘关系不仅给"孝父"提供了天经地义的道德理由，同时也给这个理由奠定了天然的情感基础。如果说国是放大了的家，那么君主无疑就是这个"大家"之父，所以"孝君"自然就成了"孝父"的延伸，从而换个说法，"忠君"也就成了相似意义上的"孝父"。这样一来，爱国的"情"和"理"也就自然而然地可以从"孝父"转移到"忠君"上。

爱国即忠君的"情理"归根结底是小农经济的产物，在封建社会，它是维系和稳定社会秩序的重要的意识形态，具有一定的历史合理性。但是，当这种历史合理性不再有时，强调忠君爱国无疑就是迂腐和倒退。历史上的张勋复辟就是个典型的例子。在那些依然忠于清廷的人看来，张勋带着"辫子军"对抗革命军，以调解"府院之争"为名入京策划清帝复辟，这些肯定都是"爱国"的"壮举"。但是，当西方列强的坚船利炮已经敲响了封建体制的丧钟，当清朝政府的存在已经成为民族独立的羁绊，当民主共和已经成为势不可当的历史潮流，若再把爱国和忠君联系在一起，就必定会成为历史进步的逆流，上演历史的悲剧和闹剧。

可见，在爱国主义的"情理"中，"理"是随着历史社会的发展不断变化着的。这个"理"并非个人自以为正确就一定会是正确的道理，只有符合历史社会的发展规律和民族利益的"理"，才是真正的爱国的理由。这个"理"若是对了，爱国情感的抒发才是正当的、合理的，若不然，爱国的激情就会使错方向，结果适得其反。至于那些假借爱国之名泄个人私愤之实的劣行，是根本就不配称作爱国主义的。这似乎说明，在爱国主义的"情理"中，爱国的理由才是关键所在，才是评判爱国是否正当的最终标准。

2. 团结统一

在中国人的精神世界里，一直讲求团结统一。历史学家黄仁宇先生就认为，中国的团结"出自于自然力量的驱使"。在《中国大历史》一书中，黄仁宇通过对土壤、风向和雨量等地区自然条件的分析，得出结论说："易于耕种的纤细黄土、能带来丰沛雨量的季候风，和时而润泽大地、时而泛滥成灾的黄河，是影响中国命运的三大因素。它们直接或间接地促使中国要采取中央集权式的、农业形态的官职体系。而纷扰的战国能为秦所统一，无疑的，它们也是幕后的重要功臣。"① 简言之，在中华大地上，面对强大的自然力量，古代的民众只有形成高度团结的社会组织形式才能生存下去，而高度统一的中央集权政治正是保障这种社会组织形式牢靠的政权形式。这里所说的高度统一的中央集权政治，其实也就是所谓

---

① [美]黄仁宇：《中国大历史》，生活·读书·新知三联书店2007年版，第21页。

的政治大一统。

一般认为,古代的大一统观念主要有两种表现形式:一是政权政治之大一统,一是思想文化之大一统。前者是大一统观念在政治体制上的反映,即政治大一统。后者则是大一统观念在文化意识形态领域内的体现,即文化大一统。虽然据可考的文献资料记载,大一统观念早在春秋时代就已出现[①],但政治大一统和文化大一统由观念到现实的确立则发生在秦汉时期。秦灭六国统一中华而定中央集权之政治大一统。汉随秦制,在政治大一统的基础上又立"罢黜百家、独尊儒术"之文化大一统。从此以后,政治大一统和文化大一统相辅相成,互相维系,逐渐形成了中华文明自成特色的政教合一模式。

历史地看,文化大一统是为政治大一统服务的,政治大一统发生在先,文化大一统紧随其后。但是,文化大一统一旦落定,它对政治大一统的影响是举足轻重的。在特定的历史时期,在涉及"统一"的诸多问题上,文化大一统甚至会发挥比政治大一统更为重要的作用。

在中国古代历史上,即便是在政治分裂时期,思想文化领域内的统一意识却从未间断过。不仅如此,它反过来还推动着政治上的统一。比如在三国时期,魏蜀吴虽然都是割据政权,但都自称是汉室正统,要统一中国。南北朝时,北朝史官把南朝称作"岛夷",南朝史官则称北朝是"索虏"。它们都认定自家政权才是中华之正宗,而对方只能是被统治和驯服的对象。虽然"岛夷""索虏"这些字眼都是蔑称,但却反映出了内在的统一意识。

需指出,这里所说的正统或正宗,主要是指思想文化领域内的正统或正宗。在中国古代的政治家眼中,王权的政治合法性体现在思想文化之宗

---

① 参见《春秋公羊传·隐公》曰:"春,王正月。元年者何?君之始年也。……曷为先言王而后言正月?王正月也。何言乎王正月?大一统也。"

统中。与西方世界强调"君权神授"的政教合一观念不同，在古代中国，继承中华文化之大统的政权，才可师出有名，才能定邦有理。所以，政教合一中的"教"在中国古代政治社会中的含义并不是指西方意义上的宗教，而是指思想文化教化之"教"，目的在于"传"思想文化之宗统。这个宗统不是别的，正是自汉代以来被大多数王权确立为官方意识形态的儒家思想或文化，马克斯·韦伯称其为"儒教"。

儒家思想在中华文化中的宗统地位及其对政治大一统的影响毋庸多言。关于这一点，只要看看历代帝王尊儒崇孔的举动就可见一斑。不仅是汉族政权，少数民族当政中国的时候也概莫能外。以清朝政府为例，据学者研究统计："从清代春秋祭拜文庙中，我们看到在满洲贵族中，皇帝直接参拜者多达34人次，亲王、郡王、皇子参拜者78人次，满洲大学士品级参拜者155人次，尚书品级参拜者18人次，共计286人次。……从满、汉参拜总比例看，满族人在504人次中占57%，汉族占43%。"[①]

可以说，正是在这种大一统观念的影响下，团结统一的思想意识不断深入人心。千百年来，经过无数次文化一统和政治一统洗礼与积淀，团结统一的思想观念逐渐凝结成中华民族文化中的一股精神气质。正是这种精神气质，推动着历代中国各民族间的交流与融合；正是这种精神气质，鼓舞着中华儿女在民族危难之际同仇敌忾、一致对外。事实上，这种精神气质已然成为我们中华民族一种矢志不渝的民族精神。

3. 爱好和平

如果说团结或统一的意思可以通俗地理解为把不同的人或群体聚合在一起，那么，这些不同的人或群体为什么要聚合在一起？如果仔细推敲"团"或"统"这两个概念背后所隐藏的含义，不难发现，它们都有

[①] 滕绍箴：《论清代满洲贵族认同中原文化之管见》，载赵志强主编：《满学论丛》（第一辑），辽宁民族出版社2011年版，第123页。

"分"的意思在里面。换句话说，正因为有"分"的格局，才会有"团"或"统"的必要。有"分"必有"和"，"和"才是"团"或"统"的意义所在。虽然"和"里面的确也有"团"或"统"的意思，但"和"在中华民族的文化传统里还有比后两者更为深刻的含义。

在早期的甲骨文中，"和"字就已出现，写作"龢"，音"禾"。左边是个"龠"字，音"越"，指古代的一种乐器，也叫"编管"，笙的前身。右边是个"禾"字，音"禾"，意为"龠"这种乐器发出的"禾禾"声。在古代，"龠"在奏乐时的功用是"和众声"，即协调众音，它发出的"禾禾"声，相当于我们现在所说的和弦音。所以，"和"字在出现时就有配合、协调的含义。这与《说文解字》中把"和"释为"相应"是一致的。

在音律中，"和"的作用是糅合各种声音以体现旋律之美，因此，"和"不是要把所有的声音变成同一个声音。也就是说，"和"不等于"同"，是"和而不同"。所以，"和"不仅讲求多样性的统一，更讲求统一的内在秩序。换句话说，"和"的作用是协调各种声音，目的却是追求声音组合的内在秩序：旋律。

其实，"和"在音律中体现的哲理同样适用于人伦关系。《论语·学而》中就说："礼之用，和为贵。先王之道，斯为美，小大由之。有所不行，知和而和，不以礼节之，亦不可行也。"在这里，为"和"而"和"也不是"和"，体现一定社会秩序的"礼"才是"和"之标准与目的。所以，"和"音意在旋律，"和"人伦意在"复礼"，继而"和"天下则意在"太平"。《中庸》里讲的"致中和，天地位焉，万物育焉"，从根本上说也是这个道理。

在中国，无论是在国家、民族层面的政治生活中，还是在老百姓的日常生活中，"和"的观念对社会的影响无处不在，历来如是。历史上，虽然国家统一往往需要借助战争，但对中国人来说，打仗从来就不是目的，天下太平、国泰民安才是最终归宿。所以，讲求"协和万邦"的中国人历来是爱好和平的。对此，英国哲学家罗素先生就曾说过："他们（指中国人——引者注）统治别人的欲望明显要比白人弱得多。如果世界上有'骄傲到不肯打仗'的民族，那么这个民族就是中国。……尽管中国发生过很多次战争，中国人天生的面貌仍是非常和平的。"①

自秦汉以后，中国基本上是一个统一的国家，民族融合是历史的大趋势，政治分裂和民族斗争只是暂时现象。如果细心翻看中国历代疆域图，或许不难发现，每经历一次国家分裂或民族冲突，统一后的政治版图就会比前期扩大许多。从这个意义上讲，分裂或斗争在中国历史上从来只是国家统一、民族融合的一个方面。往往斗争终止的时候，融合也就完成了。对此，历史学家范文澜先生就说："在当时，作为敌对的民族和国家，经常残酷地进行过斗争，今天看来，却是兄弟阋墙，家里打架。"②那些如今只有在历史教科书中才听说过的民族，像匈奴、鲜卑、契丹、突厥、柔然等，它们实际上并没有完全消亡，它们民族的一部分其实已经融入以汉族为主体的各民族中去了。所以，费孝通先生说："从生物基础，或所谓'血统'上讲，可以说中华民族这个一体中经常发生混合、交杂的作用，没有哪一个民族在血统上可说是'纯种'。"③

话说回来，"和"的观念在国家、民族政治生活层面上发挥作用的那个内在秩序，其实就是政治大一统中的集权制和文化大一统内的儒家礼制。关于这一点，前面已经说过，这里不再赘述。此外，"和"的观念对

---

① 何兆武、柳卸林主编：《中国印象——世界名人论中国文化》（下册），广西师范大学出版社2001年版，第96页。
② 范文澜：《中国历史上的民族斗争与融合》，载《历史研究》1980年第1期。
③ 费孝通：《中华民族的多元一体格局》，载《北京大学学报（哲学社会科学版）》1989年第4期。

老百姓日常生活的影响也十分深远,只要想想那些耳熟能详的关于"和"的成语,如一团和气、和睦相处、心平气和、和气生财、民和年丰等等,便可知一二。限于篇幅,这里也不再做详细的阐述。总而言之,中国人是爱好和平的,不到非不得已,不会与人争斗。千百年来,"和"的观念已然成为中国人最重要的处世智慧之一,是中国人特有的一种精神气质和高贵品质。虽然中国人会在"和气"中讲求与人宽容、与人为善,但却和而有度,和而不同。从这个意义上讲,"爱好和平"在中国人这里不仅是一种人生智慧的结晶,也是一种高尚的道德情怀,更是一种大爱无疆的民族精神。

4. 勤劳勇敢

如果说"团结统一""爱好和平"都是用来协调人与人、国与国、民族与民族之间关系的价值取向,那么,"勤劳勇敢""自强不息"则是体现在个体身上的民族品格和精神气质。

很早以前,"勤"和"勇"便是古人自励笃行的道德品质。《尚书·蔡仲之命》最早提及"克勤无怠,以垂宪乃后",告诫王者要"勤政",使法令得到垂范。《左传·宣公十二年》中说"民生在勤,勤则不匮",认为百姓只要尽力劳作,就不会缺衣少食。《诗经·召南·江有汜》的序中又说"勤而无怨",后人把这里的"勤"则解释成"心企望之"。不难看出,"勤"的本义就是费力地"做",政治家要费力地"做"政务,才可能上行下效,老百姓要费力地"做"劳务,才可能丰衣足食。如果说在刚开始的时候,"只要勤于某事,就会带来怎样的好处"这些道理是明君先哲用来劝诫后世的,是对后人依之行效的外在要求,那么,一旦人们懂得并认同这个道理,自然也就会自觉地、用心地卖力去"做"。这样一来,"勤"这个外在要求就会逐渐转变成"心企望之"的内在要求,变成自我勉励、自觉笃行的"德"。所以,"勤"这种"德"

就不仅是指尽力，还有"用心"的意思在里面，即尽心尽力地"做"。一旦达到这个程度，即便结果不尽如人意，也无须怨悔。尽到努力，顺其自然，也就会"勤而无怨"。

"勤"是如此，"勇"亦如此。"勤"和"勇"中都有个"力"字，都表示要花费气力。但是，"勇"和"勤"不同，这个"力"不使在对内的方向上，也就是说，它不是向着"勤己"说的，而是要求人在与外界对抗的过程中表现出果敢大胆的气力，即勇气、勇敢。不过，与"勤"一样的是，真正的"勇"也不仅仅是指向外使力，不然，那就是匹夫之勇，是"莽"。"勇"也讲求"有心"，这个心在"勇"那里就是"胆"，一种来自于"德"的"胆"。《论语·宪问》里说"仁者必有勇"，就是这个意思。一个有德之人，必然有孟子所说的那种"浩然正气"，这种正气就是"勇"的底气，就是无所畏惧的"胆"。那么，如果说"勇"是一种体现"德"的"胆"，这个"德"是从哪里来的呢？《荀子·大略》说："勇果而亡礼，君子之所憎恶也。"可见，这个"德"是古代的"礼"所规定的"德"，所以，若不是依礼而勇，就不是真"勇"。现在看来，尽管我们不需要把"勇"完全建立在古代礼制的基础上，但古人对有德而勇的理解的确是鞭辟入里的，值得效行。

古人历来看重"勤劳"和"勇敢"这两种美德，或许并非偶然。我们通常说"业精于勤"，"勤于业"不但可以把事情做得更好，还能不断提高自己的技艺，甚至起到"勤能补拙"的效果。所以我们说，"勤"是一种可以不断提升内在能力的"德"。相应地，"勇"也是一种可以不断壮实内在、磨砺意志的"德"，只不过，它是在个体与外界的抗争过程中体现出来的"德"。不难看出，无论是内向的勤而精进，还是外向的勇而果敢，勤而能勇者，都会不断地追求卓越，使自己变得强大，这就是"自强不息"。

5. 自强不息

自强不息语出《周易·乾卦·象传》，"天行健，君子以自强不息"，说的是一种刚健有为、奋发向上、不断进取、百折不挠的精神气质和意志品质。自强不息就是不断地追求自我卓越和自我完善，它不是强调某一方面的卓越和完善，而是要求自我在体魄、学识、技能、道德上全面的完善。自强不息的自我奋进精神为民族文化的发展提供了源源不断的内驱力，既体现了民族文化生生不息的生命力，也激发了民族文化与时俱进的创造力。

更为可贵的是，中国人讲自强不息，是配合着"和谐有序"说的。传统文化中的自强并不会咄咄逼人，不会恃强凌弱，因为它的目的不是优胜劣汰。在我们的民族文化中，自强不息力求使人在比较中相互激励，而不是让人在竞争中互相淘汰。这就是中华民族特有的一种厚德精神，它能包容不同的事物统一在一起形成和谐有序、和而不同的秩序，达到每个个体既能得到自我发展，个体之间也能和平共处相安无事的状态。自强不息的这层含义是从个体与个体之间关系说的。自强不息另一个重要方面源自个体内部的力量。中国传统文化不仅讲求自强不息，也讲求"自谦"。"谦谦君子"便是一种精神风貌。不难看出，自强是一种向外拓展的自我发展力量，而自谦是一种反求诸己的向内收缩力量。传统文化既讲自强，也讲自谦，实际上讲求在向外伸张和向内收紧的两种张力中发展自我。这样的"自己"才是不偏不倚、符合中庸的"自己"，这样的"自己"才是稳健有为的"自己"。

总之，中华民族的精神气质是独一无二的。在我们所承继的民族精神里，既有深邃的人生智慧，也有高尚的道德情怀。它们不是生硬的杂合，而是相得益彰，是彻底的融合。

（三）传统文化创造性转化的现代途径和方法

仅仅从文化自身谈文化的创造性转化是行不通的。在现代社会，提到传统文化的创造性转化，目的还是为了发挥文化的社会功能，所以，我们可以从社会治理的角度谈文化的创造性转化问题。在这方面，儒家有一套可资借鉴的方法。这套方法本身也应当被创造性转化。

儒家有一套把思想观念与制度安排融合起来的治理体系。儒家思想之所以能切实有效地发挥社会治理功能，关键在于儒家思想的意识形态化。作为一套价值规范体系，儒家思想的意识形态化过程是通过儒家思想的社会政治化实现的，根本的实现方式就是儒家的制度化。儒家制度化有两个进路：一是作为学术流派和思想观念体系的制度化；二是儒家的政治、伦理观念不断地向现实的政治制度和社会秩序渗透，催生社会政治制度的儒家化。[①] 这两个进路彼此渗透，很好地结合了官方意识形态和民间意识形态，把国家层面的价值导向和社会层面的价值走向有机地结合起来，使得政治秩序和社会秩序的精神支撑系统贯通起来，奠定了社会长治久安的基础。在这个过程中，一方面，儒家的制度化加强了儒家思想的意识形态化，另一方面，儒家思想的意识形态化反过来推进和强化了儒家的制度化。儒家文化历经千年，之所以能够有效地治理社会，关键就在这里。

汉武帝建元五年（前136），西汉设"五经博士"，把《诗》《书》《礼》《易》《春秋》五部儒家文献确立为"经典"。五经博士制度的设立，使儒家的政治思想和伦理观念变成官方正统的意识形态，为儒家思想的社会政治化提供了指导思想和政策依据。一系列国家祭孔活动的制度化，把作为儒家思想创始人的孔子圣人化，从而进一步强化了儒家思想的

---

① 参见干春松：《制度化儒家及其解体》，中国人民大学出版社2012年版，第16页。

权威性和神圣性。汉代开始的察举制和隋唐开始的科举制都以儒家思想作为取士的标准，以儒家经典文献作为人才选拔的依据，民间知识分子纷纷以儒家经典为圭臬。民间知识分子是精神生产资料的基层占有者，他们对广大民众的思想道德和价值观念有非常大的影响。以儒家思想为取士通道的选举制度，对儒家思想在民间的传播起到了非常重要的作用。此外，通过选举制进入政治生活的儒生，不断参与到社会政治事务的管理中，也在客观上推进了儒家思想的社会政治化进程。儒家强调依礼而治，通过设计大量的礼乐制度，儒家思想成为政治法律制度设计的主要依据，进而成为社会规范体系内在的价值导向，成为政治秩序和社会秩序的精神支撑系统。

通过以上一系列的制度安排，儒家思想逐渐由价值观念转变成意识形态。意识形态一经形成，便会稳固地控制人的精神世界，凸显意识形态的社会功能，具体表现如下：（1）使共同体成员认同一致的儒家思想价值观念；（2）使共同体成员认可一致的儒家提出的行动原则和行为规范；（3）使共同体成员一致用儒家思想理解和解释世界；（4）使共同体成员把由儒家思想建立起来的社会政治秩序加以神圣化和合理化；（5）使共同体成员把儒家的价值规范体系和社会权力分配结合起来。在这种意识形态的作用下，儒家思想深入地融入社会政治生活，左右着人们的思想观念，影响着人们的行为。

总的来看，儒家文化是因为儒家特有的社会治理体系才得以延续和生存下去的。鉴于儒家文化在中国传统文化中的核心地位，我们甚至也可以说，正是因为儒家特有的社会治理体系才延续了几千年来的传统文化。不难发现，思想价值观念的东西只有通过制度安排，才可能切实有效地发挥社会治理作用。应当把需要倡导的价值观念落实成切实有效的制度设计，应当在制度设计和安排的过程中体现出需要倡导的价值观念，这样才可能使思想观念深入人心，才可能达到社会治理者的预期目标和实际效果。不仅如此，儒家通过孔子的圣人化和各种儒家标识的符号化，把文化价值观、文化规范、文化榜样和文化符号四个文化要素有机地整合在了社会治理体系之中。从这点上可以看出，对传统文化的创造性转化，关键要拿准价值观、制度规范、榜样权威和文化符号四个文化组成要素的结合方式。从这个意义上讲，无论采取什么样的方法，只要把这个框架建立起来，就能切实地为传统文化的创造性转化提供途径和平台。

第三节　中国优秀传统文化的创新性发展

传统文化中反映超越历史时空、反映永恒价值追求的积极进步因素，应当经过创造性转化之后推陈出新，继续发挥它们在新历史条件下的作用，进一步推动中国特色社会主义文化大发展大繁荣。

（一）文化的更新与创新性发展

并不是在任何时候都需要更新文化，只有当人们的生活方式发生了变化，文化的创新性发展才是必要的。但在现实生活中，人们的生活方式是在不断发生变化的，所以，作为人类精神生活方式，文化也会不断地更新，追求创新性发展。一般说来，文化的更新主要在两个条件下发生，一个是文化发展的外部作用，一个是文化发展的内部作用。

从文化更新的外部条件来看，文化间的碰撞和交流催生文化的发展。当不同的文化开始接触，文化间的碰撞和交流就开始发生。这里会有两种情况，一种是排斥性的，一种是亲和性的。在很多情况下，这两种力量是交织在一起共同发挥作用的。作为人们的精神生活方式，文化不但固化人们的行为习惯，也确定人们在一定文化体系内的自我认同。所以，人在很大程度上对文化共同体具有很高的黏性。这意味着，一方面，当接触到新的文化，文化成员可能出现排斥心理。另一方面，在某些时候，当人们接触到新的文化时，不但不排斥，反而会因为不同文化提供了新的内容而拥抱新奇。一般说来，在一定的文化体制内，在文化中处于较高地位的成员对新文化的排斥性一面更强，而在文化中处于较低地位的成员对新文化的亲和性一面更强。年龄偏大的文化成员一般会对新文化较多地表现出排斥的一面，而年龄偏小的文化成员一般会对新文化较多地表现出亲和的一面。但无论如何，人们之所以会排斥或者亲和新的文化，关键在于新的文化是不是在一定程度上解决了原生文化体制内的问题，这些问题是原生文化自己解决不了的。如果新文化可以和原生文化兼容，那么文化的更新就会很顺利；如果新文化可以解决原生文化体制内的问题但和原生文化不兼容，那么文化的更新就会变得很艰难，有时候甚至会诉诸武力。从民族心理的角度来看，新文化不可能完全取代原生文化，而是和原生文化通过碰撞和交流产生新的文化复合体。这个文化复合体有三种结构：一是以原生文化为主体嵌入新文化，一是以新文化为主体嵌入原生文化，一是产生不同于原生文化和新文化但又包含两种文化要素的新文化结构。一般说来，前两种是文化交流的初始阶段，它们最终都会发展到第三种方式。这是文化更新的主要方式。

从文化更新的内部条件来看，文化发展有其内部的驱动力。这种内部的驱动力在根本上源自人类在意识领域的反思特性。人类的反思特性是意识的本质特征，在很大程度上，正是这种特性塑造了人之为人的精神世界。一般说来，文化会设定一个生活边界。在边界内是"圈内人"，在边界外则是"圈外人"。由于人类在意识领域的反思特性，"圈内人"总是会对文化的边界进行反思。从这个意义上讲，边界潜在地激发创新。无论人在边界内如何生活，只要有边界存在，就意味着边界外有和边界内不一样的世界。即便不知道这个世界会是什么，但在人类的反思特性中，边界外就是可以跨界的新领域。所以，正是边界这个有限的存在孕育着不断扩展的"边界外"这个无限。文化就是通过一轮一轮的边界扩展不断更新和发展的。只是如果有文化外力介入，文化更新和发展的节奏就会变得复杂多样。但无论如何，外因通过内因起作用，真正意义上的文化发展最终要通过文化发展的内驱力实现。

无论是文化更新的外部作用还是内部作用，文化的创新性发展最终都是为了文化成员能够自由全面发展。但是，当文化成员或文化群体之间的自由发展不平衡的时候，就需要文化提供协调作用，这就需要文化正义。从这个意义上讲，文化的更新就是在"自由的高度"和"正义的宽度"这个坐标系内找到自己合适的取值区间。它是一种在"自由的高度"和"正义的宽度"之间的张力，这个张力也反映出文化个体和文化共同体之间的复杂关系。从过程上看，文化更新一般发生在小范围的文化群体内，经过不断的文化扩散和引领，当小范围群体新文化影响到整个文化共同体时，才能带来整个文化的创新性发展。当然，文化毕竟属于思想的上层建筑领域，它虽是一种软实力，但也需要硬实力的支撑。文化发展离不开经济发展的基础，离不开政治上层建筑的维系。虽然有经济、有政治不一定意味着有文化，但没有经济和政治，就不会有文化发展。

（二）中国传统文化的时代价值

把握中国传统文化的时代价值，首先要把握时代精神。那么什么是时代精神呢？马克思曾经说："一个时代的迫切问题，有着和任何在内容上有根据的因而也是合理的问题共同的命运：主要的困难不是答案，而是问题。因此，真正的批判要分析的不是答案，而是问题。正如一道代数方程式只要题目出得非常精确周密就能解出来一样，每个问题只要已成为现实的问题，就能得到答案。世界史本身，除了用新问题来回答和解决老问题之外，没有别的方法。因此，每个时代的谜语是容易找到的。这些谜语都是该时代的迫切问题，如果说在答案中个人的意图和见识起着很大作用，因此，需要用老练的眼光才能区别什么属于个人，什么属于时代，那么相反，问题却是公开的、无所顾忌的、支配一切个人的时代之声。问题是时代的格言，是表现时代自己内心状态的最实际的呼声。"①

可见，一个时代的时代精神，并不是人们在头脑中凭空想出来的，而是生活在那个时代的人们从行动中做出来的，是他们在解决一个时代的迫切问题时表现出来的精神风貌和价值取向。换句话说，只有找到一个时代"支配一切个人"的迫切问题时，才能真正理解那个时代的精神实质究竟是什么。正是从这个意义上讲，传统文化的时代价值就是传统文化在时代精神中体现的价值，就是传统文化在解决一个时代的迫切问题时体现出来的价值。

在一个文化多元的时代，各种类型的文化如何才能和谐共生，相安无事，是我们这个时代在文化领域迫切需要解决的问题。很多年前亨廷顿就在《文明的冲突》里指出，冷战后世界冲突的根源不再是意识形态，而是文化方面的差异。我们处在一个多文明的时代，在经济全球化趋势下，多文明之间免不了相互接触，随之而来的冲突是不可避免的。近几年，源于民族宗教事务的地区冲突愈演愈烈，又使人们回想到十几年前亨廷顿的《文明的冲突》，如何化解多元文化之间的矛盾，化冲突为对话，在多元文化间建立和谐共生的关系，则变得越来越重要。在这一点上，中国

---

① 《马克思恩格斯全集》（第1卷），人民出版社，1995年版，第203页。

传统文化体现出特别的价值。中国传统文化讲求和谐有序，善于把各种不同性质的事物融合在一起，包容不同，求同存异，按照一定的秩序组合成一个共生的整体。这就是"和合"。这一点和西方的文化有很大的不同。西方的文化比较强调事物之间的界限，这是区分事物的前提。清晰的划界可以区分不同的事物，进而再谈论它们之间的联系和结合方式。在这个过程中，西方的文化比较强调事物之间的对抗意义，事物之间的联系或是结合需要经过一个根本上发生对抗的环节才能获得实质的进步。中国传统文化就不同，它先是把事物统一看成是一个整体，在这个整体中进行区分，这种区分是一种以联系为前提的区分，它看重的是事物之间的联系，界限只具有相对的意义，有时候并不明确。事物的发展就是在这个整体中通过事物间的融合性变动而实现的。这两种方式都有利弊，但就当今文化发展的格局来看，中国传统文化的"和合"特色更适合多元文明之间的共生发展。因为它更多的是从联系的观点看区分，而不是划界清晰后再看联系。在很多时候，划界意味着对抗，联系就无从建立。如果一开始就从和谐的角度看区分，那么区别就未必会带来冲突。这就是传统文化中求同存异的根源。中国传统文化的"和合"理念影响着中国现代化的经济、政治、文化、外交，并且已经在国际社会显示出自己的特色。在新时期，如何更好地发挥"和合"理念，需要更多地用这个理念去认识和处理重要的问题。

  在"和合"理念中，有"天人合一"的意思，特别适合处理当今人与自然的关系。中国传统文化讲求"天人合一"。冯友兰曾区分出"天"的五种含义：物质之天、意志之天、命运之天、自然之天、道德之天。且不说这五种天的含义划分得是否确切，它们之间的联系和区别是否明晰，这种把"天"和"人"结合在一起思考的模式对今天人们看待人与自然的关系，特别是通过人与自然的关系看待人自身在自然中所处的地位有着特别重要的意义。同样是从"和合"的理念出发，传统文化首先是从"天"与

"人"的关系出发看待"天"与"人"的,特别是通过"天"的方式(天道)看待"人"的存在(人道),所以有"推天道以明人事"的说法。它和西方文化中强调的人类中心主义和非人类中心主义都有不同。它并没有事先在人道与天道之间划出明确的界限,而是从天人关系出发,把着眼点落在人事上,实际上是强调和探究"天"与"人"在某一点上的关系。从这个意义上讲,每一种类型的"天",是人事的一面镜子。正如人不通过镜子就看不见自己的容貌,不通过反思就意识不到自己的精神。人只有站在人之外、在人与"镜子"的关系中才能反观自身,而这种反观同时包含了对人之外"他者"的理解。特别是在当今处理人与自然生态或人与社会生活的关系时,这种文化模式可以帮助我们走出封闭的自我的城堡,不再把自己和外界隔绝起来相互对待。人的自我意识是人之为人的独立性的体现,但实际上,这种意识是一种思维方式,它并不能割裂在现实性上人与"他者"之间存在的客观联系。这种文化思维方式比自我意识独立性的思维方式境界要高,它偏重的是整体性思维。在这种文化思维方式的早期,如果没有出现更加具体的分析性意识,这种带有综合性的整体性思维容易产生混沌不清的思想状况。正是在这个意义上,梁漱溟说中国文化早熟是比较恰当的。但在当代,经过西方文化的理性化、具体化的分析性意识的洗礼,这种整体性思维能达到更好的境界。更为重要的是,只有从发展了的整体性思维出发,才能回头看到文化发生发展的整个历史轨迹。从这个意义上讲,回归"天人合一"这种思维模式对处理当今人与"他者"之间的关系有着特别重要的意义和价值。儒家常讲安身立命,换句话说,精神和思维只有经过这个角度,才能确切地了解自己能把生命安顿在何处。所以,这又涉及人生价值的终极关怀问题。

找准传统文化的时代价值,就是发现传统文化在解决时代迫切问题时的价值和意义。中国传统文化中蕴含着丰富的价值资源,需要我们根据时代的问题去深入挖掘、探索，把这些丰富的历史矿藏加工成符合现代价值审美的工艺品和艺术品。唯此，传统文化才能找到它在这个时代的生命力。

（三）传统文化创新性发展的现代途径和方法[①]

创新发展传统文化，就是把文化发展融入社会治理过程，使传统文化在发挥社会功用的同时得到新的发展。在当今中国社会，传统文化的创新发展特别对社会道德建设有着非常重要的作用。中国传统文化是一种以儒家伦理为核心的道德文化。儒家文化在社会治理中的策略和思路值得加以改造后寻求新的发展，究其原因有以下两点。

第一，儒家有一套把社会伦理和道德心理结合起来的治教方法。

社会治理一方面通过整顿社会秩序协调伦理关系，一方面通过教化方法治理人的内心世界。社会秩序的维稳是通过社会规范体系支撑的，而人内心世界的治理是通过自我修养过程完成的。这两个方面往往相互作用、不可分割。缺乏前者，人的自我修养会失去良好的社会环境，从而影响人的自我管理。缺乏后者，规范只是体现在他律层面，并没有内在化为人的自律，从而使得社会秩序的精神支撑系统不牢固。只有把两者结合起来，才能很好地协调人与人、人与社会和人与自我的关系。在这一点上，儒家提供了一套很好的治情修义的方法，把对人内心世界的治理和对外部世界的治理有机结合在一起。

《礼运》里说："故圣人耐以天下为一家，以中国为一人者，非意之也，必知其情，辟于其义，明于其利，达于其患，然后能为之。何谓人情？喜、怒、哀、惧、爱、恶、欲，七者弗学而能。何谓人义？父慈、子孝、兄良、弟弟、夫义、妇听、长惠、幼顺、君仁、臣忠，十者谓之人

[①] 部分内容发表于《儒家德治方略的现代价值》，载《社会治理》2015年第1期。

义。……故圣人所以治人七情，修十义，讲信修睦，尚辞让，去争夺，舍礼何以治之？"以人义治人情，就是通过礼义的方式治理人的内心世界，达到克己复礼的效果。一方面，《礼运》里提到的"十义"背后，反映的是社会秩序的基本结构，儒家在这个基础上，将"义"的规范使伦理原则与社会秩序紧密联系起来。另一方面，"义"是用来治人情的，这意味着作为伦理原则的"义"是用来协调性情的，使人的性情合宜。这样一来，社会秩序的基本要求就通过"义"进入到人的内心，开始由他律向自律转化。由于这个"义"以情为治理对象，以和谐治理为主要目的，因此，"义"也通过亲近"情"的方式更加具有亲和力。这就是儒家建立在"亲亲""尊尊"基础上的礼治。儒家的心性之学关注人的内心世界，礼学描述人的外部世界，前者属于道德心理学，后者属于社会伦理学。通过道德教化的方式，把治理人的外部世界和人对内心世界的治理联系起来，达到寓教于治的效果。

儒家的"礼义德教"方法是一套把社会发展和个体进步有机联系在一起的治教方法。这种方法富含血脉亲情，紧密联系生活实际，因而更加贴近人心，更容易被人接受。特别是宋明之后，儒家偏重心性之学，看重对人内心世界的治理，特别强调修身养性的重要性，抓住了道德治理的根本。从社会道德治理的角度来看，应当把社会伦理与个体道德贯通起来，以修身为出发点和落脚点，打通人的内心世界和外部世界，这样才能从根本上改善当今社会的伦理道德状况。

第二，儒家有一套结合权力、礼制、思想体系的柔性治理方式。

思想观念依靠制度安排发挥作用，借助权力获得真理的效力。米歇尔·福柯在描述权力、法律和真理的关系时指出："一方面，法律的规定从形式上划定了权力的界限；另一方面，另一个极限，另一个限制，就是这个权力产生出并引导真理的效力，而后者又反过来引导这个权力。这样形成一个三角:权力、法律和真理。"① 米歇尔·福柯在这里说到的权力、法律和真理的关系,其实就是权力、制度和思想体系的关系,在儒家那里,就是政治权力、礼制和儒家思想的关系。一方面,作为规范的礼制划定了政治权力的边界,另一方面,政治权力通过保证礼制顺利运行的同时,也强化并引导着思想体系的真理效力。这三者相互支撑、相互证明,形成了一种儒家特有的柔性治理方式。

柔性治理,区别于法家的刚性治理,主要体现在以礼制为中心的德治上。《论语·为政》中,孔子认为,"道之以政,齐之以刑,民免而无耻;道之以德,齐之以礼,有耻且格"。"以刑"和"以礼"的治理方式的区别就在于,只有通过"齐之以礼"的德治方式,才可能使人从内心深处辨明是非荣辱。"齐之以刑"虽然能规范人的行为,但这种治理方式的心理基础是惧怕,而非心服。黑格尔在谈及严刑的弊端时认为,人有善恶两面,严刑是通过以恶治恶的方式规范人的行为,最终只会激发人的恶性一面,无法使善性的一面发挥出来。从这个意义上来说,儒家以伦理道德为基础和核心的德治仁政更能激发人的善性一面。也正因为如此,强调礼义德治、德主刑辅的儒家思想往往提倡人性善说。借助这种方式,儒家的治理方式具有很大的包容性:"在人情和秩序、政治理想和社会现实之间寻求一种平衡。既强调等级秩序和权威的合理性,又指出道德和民意是判别君权合法性的依据。既积极地寻求参与现实政治的机会,又努力保持独立人格。这样就比之于法家的刻薄少恩或道家遗世独立那种极端化的立场有更大的弹性空间。因此,更为符合大一统政治格局下的意识形态的一致性和多样性结合的需要。"②

---

① [法]米歇尔·福柯:《必须保卫社会》,钱翰译,上海人民出版社1999年版,第22-23页。
② 干春松:《制度化儒家及其解体》,中国人民大学出版社2012年版,第10页。

总的说来，这种治教方法和柔性管理模式特别适合中国模式的社会治理。当代中国的治理体系应当把这种文化融入国家治理和社会治理层面，不仅可以提升国家治理水平，也是对中国传统文化的复兴。

第四节　在马克思主义伦理学与中国伦理学之间[①]

通过对传统伦理文化的讨论，有两个理论问题摆在我们面前：（1）马克思主义伦理学可以和中国伦理学发生关联吗？（2）马克思主义伦理学和中国特色社会主义伦理学可以有何种关联？这是我们在讨论国家伦理治理现代化时需要面对的两个重要问题。马克思主义伦理学本就是面向现实、从一定社会出发讨论伦理问题的，因此，讨论马克思主义伦理学就既不能回避历史问题（与传统文化的关系），也不能无视现实问题（与中国特色社会主义的关系）。不难看出，这里提到的历史问题和现实问题也是有关系的。因为中国特色社会主义中的中国特色也必定带有某种历史特色。从这个意义上讲，现实问题可以是历史问题的社会主义发展，而历史问题可以是现实问题在传统中的延续。

（一）马克思主义伦理学与中国伦理学的关联

马克思主义伦理学和中国伦理学可以发生的关联或许不止一个方面，但限于篇幅，我们将只从一个方面来谈这个问题，即作为方法论的辩证

[①] 部分内容发表于《"大马伦"与"小马伦"：马克思主义伦理学研究的两个概念》，载吴付来主编：《马克思主义与伦理学》（第1辑），社会科学文献出版社2020年版。

法。在我们看来，马克思的辩证法是一种基于对象性关系哲学的辩证法，这个辩证法与中国传统的辩证思维有不谋而合之处。正是在这个不谋而合之处的基础上，马克思主义伦理学和中国伦理学有着一种理论上的默契。

田辰山教授在《中国辩证法：从〈易经〉到马克思主义》（*Chinese Dialectics: From Yijing to Marxism*）一书中提出了一个非常新颖的、值得深思的结论：中国化的马克思主义辩证法其实并非原初意义上马克思的辩证法，而是被中国传统哲学的"通变"思想解读出来的马克思主义辩证法。在我们看来，中国传统哲学的"通变"思想的确与中国化的马克思主义辩证法有相通之处，但这在很大程度上不是"通变"思想被"读入"马克思主义辩证法的后果，而是两者在思维方式上原本就有很大的同质性。

田辰山教授认为："在中国人构建和阐释辩证唯物主义的过程中，传统'通变'式的哲学思维起了重要的作用。它为中国理解马克思主义'辩证法'提供了一个任何事物都具有一种连续性的宇宙论框架，这里并不存在西方那种具有超越性秩序的自然宇宙体系。在这个中国式的宇宙框架内，'阴—阳模式'关于同一事物两个基本方面相反相成的作用，构成一切变化发生的动力来源。这种特殊的思维模式使得在中国语境下讨论马克思主义，可能避免'西方马克思主义'那种二元分叉式思维及其产生出的种种困境。"[①]那么，什么是中国特有的"通变"式思维方式呢？在田辰山教授看来，在中国马克思主义中，"通变"式思维是一种"事件本体论"而非"本质本体论"，即"这种表述是在人物既是主体也是行为的互系性（correlative）模式中进行的。在中国马克思主义中不存在超越意识，蕴涵的不是二元论或两分法的思维，它秉承的是互系性的自然宇宙观。不同于西方马克思主义的二分法理论基础，中国马克思主义的'辩证

---

① [美]田辰山：《中国辩证法：从〈易经〉到马克思主义》，萧延中译，中国人民大学出版社2016年版，第10页。

法'讲的仍然是同一事物内部之间那种偶对体的关系,双方均成为构成彼此目前状态的必需条件"①。据此,"通变"式思维有如下紧要的意义:(1)一切事物都是相互联系的。(2)一切事物之间的关系都是内在关系,且由在阴阳之间相互作用、相互依赖。(3)阴阳之间相反相成的互动关系驱动着一切事物处于恒常的运动变化之中。(4)任何事物都处于变化过程之中,都是一种"焦点—域境"(focus-field)关系。焦点既构成那个作为域境的环境,也被那个作为域境的环境所构成。② 因此,在这种思维方式下的"辩证统一"就可以理解为"任何相互依赖事物之间的共存、互变、相辅相成或同含某一素质,等等"③。

以上是田辰山教授所讲的"通变"式思维方式的要义。在他看来,中国化马克思主义的辩证法概念就是这种中国传统的、占主导地位的思维方式下的产物。对此,我们完全表示认同。但我们更想说的是,田辰山教授提出的"通变"思想的核心内容恰恰也是马克思恩格斯辩证法思想的核心内容,两者具有高度的理论默契和思维方式上的同质性。在我们看来,田辰山教授之所以会把中国特有的"通变"式思维相比马克思主义辩证法做了更多的异质性理解,是因为他在很大程度上用"西方哲学传统中的马克思主义"解释马克思主义辩证法概念的缘故。例如,他在书中谈论马克思的辩证法概念时,主要借用的是巴司卡编辑的《马克思主义思想词典》中提到的"认识论辩证法""本体论辩证法""关系论辩证法"三项内容。在提及恩格斯对马克思主义辩证法的"介入"时,他也只是在转述

---

① [美]田辰山:《中国辩证法:从〈易经〉到马克思主义》,萧延中译,中国人民大学出版社2016年版,第12页。
② 参见[美]田辰山:《中国辩证法:从〈易经〉到马克思主义》,萧延中译,中国人民大学出版社2016年版,第13—14页。
③ [美]田辰山:《中国辩证法:从〈易经〉到马克思主义》,萧延中译,中国人民大学出版社2016年版,第12页。

巴司卡归纳的质量转化、对立统一和否定之否定三个方面。宽泛地说，这样的解释只有片面的合理性，一旦结合马克思主义理论来说，就不免牵强附会了。尽管田辰山教授对巴司卡的一家之言也持谨慎态度，但还是认为"上述关于马克思学派辩证法的学术分析，可以作为沉淀于语言中的西方哲学结构的一个很好的例子；它包括形而上学、本体论和宇宙论的设想。这个结构提出了宏大的理论和方法论的结论，诉诸因果的化约论和简单决定论，将认识建基于思想与物质、认识论与本体论等等二者之间的割裂性。除非西方传统的这种深层结构可以移植到中国，否则，如很多研究中国问题的学者在西方所做的，任何持有简单等同论的想法，认为马克思的'dialectics'已毫无改变地被译入中国的辩证法，就都会是一种误解"①。但在我们看来，如果深耕马克思恩格斯的文本就会发现，他们的辩证法理论和田辰山教授归结的西方传统哲学结构是有区别的，甚至可以不夸张地说，马克思恩格斯的辩证法理论倒是和"通变"思想走得更近一些，离西方传统哲学结构更远一点。就这个问题，我们的处理方法是：立足于马克思恩格斯的文本，结合田辰山教授提出的"通变"思想要义做一番简要的对比分析。

首先，在马克思看来，一切事物都是相互联系的，但这种联系并非两分法中的对立统一关系，而是相互依存、相互作用的对象性关系。早在《1844年经济学哲学手稿》中，马克思就花了很大的篇幅讨论对象性关系问题。在他看来："一个存在物如果在自身之外没有对象，就不是对象性的存在物。一个存在物如果本身不是第三存在物的对象，就没有任何存在物作为自己的对象，就是说，它没有对象性的关系，它的存在就不是对

---

① [美]田辰山：《中国辩证法：从〈易经〉到马克思主义》，萧延中译，中国人民大学出版社2016年版，第76—77页。

象性存在。非对象性的存在物是非存在物。"① 马克思不仅在这里用对象性关系讨论人与外部世界的关系，也用这种关系讨论自然界中事物之间的联系，如"太阳是植物的对象，是植物所不可缺少的、确证它的生命的对象，正像植物是太阳的对象，是太阳的唤醒生命的力量的表现，是太阳的对象性的本质力量的表现一样"②。这意味着，事物都是处在对象性关系中的对象性存在，没有对象的存在是非存在，因此也就没有超脱于对象性关系之外的存在。一个事物的本质恰恰是通过对象性关系确认和实现的。所以，对象性关系就构成了事物本身。很显然，马克思在这里提到的对象性关系就是一种相互依存、互相作用的关系，而且这种关系也符合所谓"事件本体论"中的互系性关系。③ 虽然这是马克思早期的观点，但却是马克思终其一生都在使用的思想方法。例如，他把资产阶级和无产阶级就看作相互依存、相互作用的关系。恩格斯在《反杜林论》里提及封建道德、资产阶级道德和无产阶级道德时，也是从它们之间的依存关系出发进行分析的。在恩格斯看来，并没有超越这种相互依存关系的所谓终极道德。

其次，辩证法在马克思那里也指事物内在发展的动力。前面已经提到马克思的辩证法可以被理解为一种相互依存的对象性关系，那么这种对

---

① 《马克思恩格斯文集》（第1卷），人民出版社2009年版，第210页。
② 《马克思恩格斯文集》（第1卷），人民出版社2009年版，第210页。
③ 笔者这里之所以用到"所谓"这个词是因为在我们看来，马克思的哲学恰恰没有所谓的本体论。因为马克思主义哲学并没有把形而上学的任务当作自身的使命。马克思在1844年之后就开始与这种西方传统哲学套路渐行渐远了，最终在1845年前后彻底摆脱了这一套路。著名的马克思主义哲学家奥尔曼教授在其名著《辩证法的舞蹈——马克思方法的步骤》一书中也把马克思的辩证法叫作内在关系哲学。他也认为马克思是"把事物作为关系思考，仅仅是为了使这种相互依存成为——正如我们已经看到的马克思对社会要素所做的那样——事物本身的内在部分"。[美]伯特尔·奥尔曼：《辩证法的舞蹈——马克思方法的步骤》，田世锭、何霜梅译，高等教育出版社2006年版，第40页。

象性关系是如何活动的呢？在马克思看来，关系本身就是一种"运动的联系"，只有在关系的运动中我们才能正确地理解事物的本质及其变化。例如，马克思在《哲学的贫困》一书中讲财产时就说："仅仅从私有者的意志方面来考察的物，根本不是物；物只有在交往中并且不以权利为转移时，才成为物，即成为真正的财产（一种关系，哲学家们称之为观念）。"① 在马克思看来，不仅事物要在关系中才能看清本质，关系的变动也改变着事物的性质并决定着事物变化发展的方式。这是马克思惯用的思维方式，显然和"通变"思想中所提到的阴阳相反相成的关系驱动着事物变化发展不谋而合。更有趣的是，马克思在《资本论》的"商品"这一章中讲价值形式时，不仅用到了黑格尔在《小逻辑》的《本质论》中的反思规定法，而且连说法都"神似阴阳"。例如，在20尺麻布=1件上衣的简单价值形式中，20尺麻布的相对价值这个看不见的东西（可联想为"阴"）恰恰是由1件上衣这个等价物的材料（可联想为"阳"）来表现的。虽然我们在这里只是做了一个形象的比喻，但我们想要表达的意思是，阴阳作为相反相成的内在关系所起到的相互呈现、相互确认、相互推动的作用这一观念在马克思的思想中随处可见。这一观念无论是在马克思的早期文本中，还是在他的成熟时期的作品中都比比皆是。

再次，有了对前两个方面的讨论，也就不难理解马克思的思想中也有田辰山教授提到的"焦点—域境"关系，即焦点既构成那个作为域境的环境，也被那个作为域境的环境所构成。熟悉马克思《关于费尔巴哈的提纲》的人或许马上就能联想到其中的第三条："环境的改变和人的活动或自我改变的一致，只能被看做是并合理地理解为革命的实践。"② 这句话表达的意思就是人的活动与环境的互构，和"焦点—域境"关系的说法也

---

① 《马克思恩格斯文集》（第1卷），人民出版社2009年版，第585页。
② 《马克思恩格斯文集》（第1卷），人民出版社2009年版，第500页。

是不谋而合的。更为重要的是,马克思主义辩证法的超越性恰恰就体现在"革命的实践"中。人虽然不能超越现实的社会关系,但却可以在现实的社会关系中通过"革命的实践"改变社会关系,从而超越现存的社会关系。从这个意义上讲,马克思既看重"成事在天",也看重"事在人为"。

限于篇幅,我们不可能详尽地讨论"通变"思想与马克思主义辩证法概念之间的各种关联,我们只想通过文本简要地说明,马克思主义辩证法概念在很大程度上和西方传统哲学的深层结构貌合神离,但却和中国传统哲学的"通变"思想心有灵犀。但尤其需要强调的是,这种对比只是一种方法论上的比较,并不存在本体论意义上的比附。在马克思主义理论中,历史的社会理论(历史唯物主义)才是根本,而辩证法作为一种思维方式是第二性的东西,并没有形而上学的哲学含义。

如果马克思主义辩证法和中国传统的"通变"思维存在强关联关系,那么,理解马克思主义伦理学与中国传统伦理学的关联自然就有了一个可通约的背景和平台。比方说,中国传统伦理学是从人伦关系讲伦理和道德的,而马克思主义伦理学就是从社会利益关系看待伦理关系(人伦关系)及其相关道德问题的。这样一来,马克思主义伦理学不仅可以为中国传统伦理学研究提供一个科学的、历史的社会理论基础,还可以在这个基础上对传统伦理学里的核心价值观念进行重新解释和再创造,甚至可以结构重组。从置换传统伦理学资源的"具体意义"(社会理论)以发展其"抽象意义"(价值观念形式)的角度来说,这种尝试也可以看作冯友兰先生提出的"抽象继承法"。更为关键的是,如果我们在这本书中所说的关联是成立的,那么这种尝试无论对马克思主义伦理学来说,还是对中国传统伦理学来说,就都会具有彼此共建共治共享的理论合法性。如果这种尝试可能获得成功,那么我们似乎也就可以得出如下的推论:中国化的马克思主义伦理学就是中国伦理学本身。当然，一旦我们提及这一推论，就势必要在中国特色社会主义的现实语境中加以探讨。

（二）马克思主义伦理学与中国特色社会主义伦理学的关联

马克思主义伦理学研究可以有很多面，但就马克思主义的精神实质来看，马克思主义伦理学研究的很多面最终都应当落地在现实面和操作面上。从这个意义上讲，马克思主义伦理学与中国特色社会主义伦理学最重要的关联，就是在研究现实伦理道德问题的基础上，通过不断开发道德实践措施，一方面改善人们身处其中的伦理环境，一方面提升人们的道德素质和道德境界。因此，马克思主义伦理学的"学理研究"最终要配合"建设研究"，并始终把如何推进中国特色社会主义思想道德建设作为研究的宗旨和圭臬。在我们看来，要做好马克思主义伦理学的"建设研究"，需要重点关注以下几方面问题：

首先，我们应当在发展新时代中国特色社会主义这个大背景下认识"建设研究"的重大意义，特别要结合全面深化改革的总目标探讨相关的顶层设计。党的十八届三中全会提出的全面深化改革的总目标，就是完善和发展中国特色社会主义制度，推进国家治理体系和治理能力现代化，根本任务就是推动中国特色社会主义制度更加成熟更加定型，为党和国家事业发展、为人民幸福安康、为社会和谐稳定、为国家长治久安提供一整套更完备、更稳定、更管用的制度体系。归结起来就是，通过推进制度体系建设，提升制度执行能力，实现全面深化改革。在这个大背景下，马克思主义伦理学的"建设研究"应当抓住时代机遇，嵌入中国特色社会主义的制度建设，不断推进国家伦理治理体系和治理能力现代化。

我们知道，任何形式的制度设计至少离不开以下三方面的考虑：（1）制度设计的价值精神，即制度设计的目的背后所追求的伦理价值究竟是什么？（2）制度设计的规范要求，即用来协调各方利益关系的原则依据的是什么伦理尺度？（3）制度设计的维护程序，即采用何种伦理标准实施制度设计并保障制度执行的程序才是合理的？从这个意义上讲，以制度建设为核心的治理体系与治理能力现代化要求处处离不开方方面面的"伦理嵌入"。很显然，如果我们不能很好地对这些"伦理嵌入"加以研究，如果我们不能公开地对这些"伦理嵌入"进行讨论，如果我们不能自觉地对这些"伦理嵌入"进行决策，我们设计出来的制度就很有可能跑偏方向、没有实效，甚至起到事与愿违和弄巧成拙的不良后果。所以，可以毫不夸张地说，制度伦理建设的水平在很大程度上反映了一个国家治理体系与治理能力现代化的战略格局、文明形象和责任担当，是国家文化软实力的集中体现。所以，在这个层面上，马克思主义伦理学的"建设研究"应当站在"以德治国"的高度集中探讨事关国家建设远景和社会发展全局的重大伦理问题，并参与到相应的制度设计与操作活动中去。例如，2019年7月中央深改委第九次会议审议通过的《国家科技伦理委员会组建方案》就是国家在科技领域推进伦理治理体系的重大举措。该方案的出台有利于我们加快建立健全科技伦理审查和风险评估制度。

其次，加大力度全面推进职业伦理建设，不断提升社会伦理治理体系和治理能力现代化水平。社会伦理治理体系建设应当是国家伦理治理体系的主体部分。一般说来，只有那些重大的社会伦理治理问题才需要上升到国家层面，绝大多数社会伦理治理可以由不同的社会组织自行治理。在现代社会，开展社会伦理治理的最佳方案就是依托各级行业（职业）协会的伦理委员会进行职业伦理建设。职业伦理建设的内容可以涉及很多方面，如制定行业企业伦理守则、开展行业企业伦理培训、开发与行业企业相关的伦理测评指数等等。一般说来，职业伦理建设其实就是应用伦理学"建设研究"的主要内容。应用伦理学实际上并不能简单地理解为把伦理学理论应用到实践领域的研究。在我们看来,作为伦理学的当代形态,应用伦理学应当是现代伦理学的主干部分和核心部分。把应用伦理学仅仅理解为伦理学纯理论在实践中的应用,明显是传统的道德形而上学在世俗化的过程中不自觉的反应。现代社会则不同,伦理学的很多重要问题其实并不来自形而上学内部,而是来自于现实生活本身。这种问题域的转换实际上使伦理学研究的打开方式、理论构造方式都不同于以往。应用伦理学有自己的问题源,有基于这种问题源的问题域,有在特定问题域中进行讨论的专业知识,有基于这种专业知识讨论的伦理学理论。显然,这是一种自下而上的研究打开方式,与传统形而上学自上而下的研究打开方式正相反。更为重要的是,这种打开方式和马克思主义伦理学研究的宗旨、方法论和路数是高度一致的。从这个意义上讲,应用伦理学研究也应当是马克思主义伦理学研究的当代形态。

上文提到应用伦理学研究有自己的问题源,而这个问题源就来自于现实的社会生活,主要来自于职业生活。因此,应用伦理学把职业生活中遇见的伦理问题当作自己的研究对象,通过研究得出的结论为解决职业伦理问题提供理论依据和政策建议,从而与职业伦理形成特定的"研究—实践"互动关系。从这个意义上讲,应用伦理学是职业伦理的研究面,而职业伦理是应用伦理学的建设面,它们构成了同一枚硬币的两面。

在现代社会,由职业分工合作体系造就的社会生活领域是整个社会结构中最庞大的部分,是伦理问题出现最多的领域,因而也是亟须花大力气进行伦理治理的领域。从某种意义上说,鉴于职业生活在现代生活体系中的极端重要性,职业伦理状况对整个社会思想道德建设的影响是举足轻重的。因此,全面推进马克思主义伦理学的"建设研究",就是要进一步加强面向职业伦理建设应用伦理学研究,不断促进"研究—实践"的良性互动关系。

再次，重视家庭伦理研究，为人与人之间培养爱的养成方式提供一个现代视角。不可否认，在以家庭为主体的传统社会格局中，社会道德主要指的就是家庭道德。由于政治国家在某种意义上只是一个全国最大的家庭，它自然也就免不了要按家庭道德行事。所以，这就不难理解，为什么历代封建王朝会把"孝治天下"当作"以德治国"的总纲领。因为在传统的宗法社会中，孝是家庭道德最高的原则。但在现代社会，由于职业生活领域成了社会结构中的主体单元，职业伦理自然就比家庭道德具有更重要的社会意义。换句话说，现代社会也就不能再把"孝悌"这样的家庭道德当作最高的道德要求。但这么说并不意味着家庭伦理的社会意义完全被职业伦理替代，家庭道德就再无用武之地了。在我们看来，如果换个视角看待家庭道德，就会发现，家庭是培养人道德情操最初的地方和最好的场所，特别是在中国这样一个有着悠久家庭伦理文化传统的国度，家庭道德完全可以焕发出新的生机，成为孕育当代中国人道德情操的爱之土壤。

古代社会的家庭道德虽有亲亲尊尊的等级秩序，却也有温情脉脉的仁爱之基。例如，《论语》里既有"孝弟为仁之本"的爱之先后，也有"泛爱众而亲仁"的亲仁之爱。虽然我们经常批评爱有差等，但在现实的家庭生活中，绝大多数人难道不是从父母之情开始体验人生之爱的吗？如果没有对这些爱人和被爱的初体验，我们又怎么可能真正地做到"泛爱众"呢？这是一个不能回避的实际问题。但我们也可以换一个视角看待这个问题。如果我们只是从仁爱的角度看孝悌，而不是从孝悌的角度看仁爱，那么，我们就会把仁爱看得高于等级，而不是把等级凌驾于仁爱之上。这样一来，原有的家庭道德中的等级观念就会被仁爱之情取代，家庭就成了培养爱的养成方式的温馨场所。更为重要的是，家庭关系是人伦关系的开始，家庭的道德环境会直接影响人在人伦关系中道德情感养成的原初状态。从这个意义上讲，如果从培养爱的养成方式的角度研究家庭伦理并进行相应的家庭伦理建设，我们或许能开发出家庭道德更多的社会价值和人生意义。①

---

① 本章部分内容发表于郝立新等著：《当代中国文化阐释：中国特色社会主义文化发展道路研究》，北京人民出版社2020年版，第九章。

第四章

国家治理的伦理系统：以中国为方法的建构

建构国家治理的伦理系统，既需要理论基础，更需要实践筹划。要做好这一实践筹划，需要注意两个重要方面：一方面，应立足公民道德建设工程构建这一伦理系统，在顶层设计上充分考虑这一系统的功能、构架和运维；另一方面，应始终从"落地"实施的目标着眼，充分考虑系统建设的主体、载体、抓手、途径和方法，应把职业伦理作为系统建设的关键和重点。

第一节　伦理治理工程：功能、构架与运维①

2019年10月，中国共产党第十九届四中全会审议通过了《中共中央关于坚持和完善中国特色社会主义制度、推进国家治理体系和治理能力现代化若干重大问题的决定》（以下简称《决定》）。《决定》从国家治理的全局出发对十三个重大领域的制度体系建设和治理能力提升做了重要部署。《决定》的第七部分统筹了文化领域的制度建设问题，在"坚持以社会主义核心价值观引领文化建设制度"这一节专门提出了"实施公民道德建设工程"工作要求。这是中央文件首次把公民道德建设工程纳入国家治理体系筹部署，对新时代公民道德建设有着重要的指导意义。就在同一个月，中共中央、国务院发布了《新时代公民道德建设实施纲要》（以下简称《纲要》）。《纲要》对公民道德建设的重大意义、总体要求、重点任务、实施要点、工作思路、具体办法做了细致而周到的部署，凸显了新时代公民道德建设的国家治理语境。在笔者看来，要深入理解这一语境，需要领会新时代公民道德建设"治理转向"的重要意义，需要认识到新时

---

① 部分内容发表于《国家治理语境中的新时代公民道德建设工程》，载《广西大学学报（哲学社会科学版）》2020年第3期。

代公民道德建设是一项大系统工程,需要开发这一伦理治理工程的功能、构架与运维。

(一)新时代公民道德建设"治理转向"的重大意义

领会新时代公民道德建设"治理转向"的重大意义,需要对改革开放以来国家思想道德建设的历史有深入的理解。只有具备这个历史视野,才能充分认识公民道德建设作为思想道德建设的重要组成部分对社会主义现代化长远发展来说究竟意味着什么,才能充分理解为什么会在这个时期提出对公民道德建设"治理转向"的工作要求。我们也应当知道,思想道德建设这个术语是中国共产党在推进社会主义精神文明建设过程中提出的概念。因此,思想道德建设不仅是改善社会道德风气或提升个人道德素质的局部社会事件或个人事务,还是关系到国家长治久安的重大政治事件。这是中国共产党领导国家在推进思想道德建设工作中一贯的态度。历史地看,虽然思想道德建设这个术语是改革开放以后提出来的,但在革命战争年代和社会主义建设的早期阶段,中国共产党的思想道德建设就已经卓有成效了。可以毫不夸张地说,思想道德建设在统一思想、坚定理想信念、凝聚集体力量、严肃纪律方面所发挥的巨大作用,是中国共产党带领全国各族人民取得革命胜利、在艰苦卓绝的条件下获得一个又一个社会主义现代化建设成果的制胜法宝。中国共产党的十二大报告中将这个法宝概括为"革命的理想、道德和纪律",而这个法宝也就是如今人们耳熟能详的革命传统道德。

近百年来,中国共产党在不同的历史时期推行的思想道德建设之所以能取得巨大的成效[①],关键有两条:一是思想道德建设总是和现实的斗

---

① 参见韦冬主编:《中国共产党思想道德建设史》(上、下卷),山东人民出版社2015年版。

争需要和建设需要紧密结合，力求做到审时度势、实事求是地应对现实问题；二是思想道德建设总是和国家在不同历史时期制定的战略方针、发展规划紧密结合，力求做到在长途愿景中谋进步、在全盘统筹中办实事。这是一种把理想和现实高度结合起来的建设方针。所以，要理解在某个时间节点上的思想道德建设举措，如《纲要》的颁布，既要从一个具有连续性的历史时期透视思想道德建设所应对的重大现实问题，也要领会这个历史时期国家大政方针政策的走向对思想道德建设的指导。正是在这个意义上，本书从改革开放以来国家思想道德建设的发展历史解读新时代公民道德建设"治理转向"的重大意义。

改革开放以来，国家有意识地在新时期推进思想道德建设的方针是从提出"社会主义精神文明"这个概念开始的。1979年9月29日，叶剑英《在庆祝中华人民共和国成立三十周年大会上的讲话》中第一次明确提出了"社会主义精神文明"的概念："我们要在建设高度物质文明的同时，提高全民族的教育科学文化水平和健康水平，树立崇高的革命理想和革命道德风尚，发展高尚的丰富多彩的文化生活，建设高度的社会主义精神文明。"① 从1979年至2019年这四十年间，国家思想道德建设的历史大致经历了三个发展阶段。在1979年至1992年这13年间，思想道德建设的主题是在政治领域坚持"政治正确"。这主要体现在精神文明建设要坚持"三个必须"："必须是推动社会主义现代化建设的精神文明建设，必须是促进全面改革和实行对外开放的精神文明建设，必须是坚持四项基本原则的精神文明建设。"由于精神文明建设又分为"思想道德建设"和"科学文化建设"，而蕴含并主要体现为道德内容的"思想建设决定着我们的精神文明的社会主义性质"，因此在这一时期，思想道德建设就代表着"政治正

---

① 中共中央文献研究室编：《三中全会以来重要文献选编》（上册），中央文献出版社2011年版，第204页。

确",其根本任务是巩固社会主义原则在政治领域的指导地位。1986年中国共产党第十二届六中全会制定并颁布的《中共中央关于社会主义精神文明建设指导方针的决议》是这一时期的标志性文件,这部文件也是社会主义精神文明建设领域第一部纲领性文件。当然,这一阶段思想道德建设主题之所以是"政治正确",有其社会原因。十一届三中全会以后,国家的工作中心从"以阶级斗争为纲"转向"以经济建设为中心",但直到中国共产党十四大确定发展市场经济之前,国家在经济领域实行的是计划经济和市场经济并行的双轨制。由于两轨难免产生龃龉,加之缺乏市场经济建设经验且认识上也有不足,造成社会上曾一度流行市场经济就是"一切向钱看"的口号,拜金主义、享乐主义夹杂着崇洋媚外的心理在社会上形成了很不好的风气。与此相伴的,政治领域也出现了一股资产阶级自由化思潮,通过在市场经济与西方自由民主政治之间建立或明或暗的联系提出政治改革要求。据此就不难理解,这一阶段思想道德建设的主题为什么会是"政治正确"。但坚持"政治正确"并不妨碍国家从两个文明"两手抓、两手都要硬"的战略高度布局思想道德建设,因此,"政治正确"当中既含有对现实问题的应对策略,同时也考虑到了思想道德建设在国家整体发展战略中的长期性和重要作用。

在1992年至2012年这20年间,思想道德建设的主题是"适应经济",即建立一套与社会主义市场经济相适应的社会主义思想道德体系。在1996年中国共产党第十四届六中全会通过的《中共中央关于加强社会主义精神文明建设若干重要问题的决议》中对这个思想道德体系做了明确的表述。一年之后,中国共产党中央专门成立了精神文明建设指导委员会这个中央级议事机构及设在中央宣传部合署办公的办公室(简称中央文明办)。这个中央机构加上省、市、县三级文明办机构的纵向设置,基本上形成了一个由中央统一部署、各级文明办负责落实、从中央到基层社会全覆盖、专门推进精神文明建设的文明办系统。思想道德建设是这个系统的工作重点，文明办系统的建立对思想道德建设来说至关重要。从此，思想道德建设有了专门的行政力量负责实施，相比之前首推"宣教"工作的侧重点，"建设"的意味越来越凸显。四年之后即2001年，中央又提出了以德治国方略并颁布了《公民道德建设实施纲要》。这两件事是这20年间思想道德建设领域的标志性事件。它的标志性意义主要有三：其一，从治国理政的高度强调了法治与德治的相互配合对国家治理的重大意义，深化了人们对社会总体规范系统及其治理手段的整全理解，使思想道德建设成为国家治理的内在要求；其二，《公民道德建设实施纲要》是"以德治国"方略的具体落实，也是思想道德建设领域第一个"建设实施"文件，为思想道德建设指明了方向、目标、内容、路径、方法、抓手等；其三，由此，思想道德建设具备了作为指导方针的"以德治国"理念、作为实施办法的《公民道德建设实施纲要》、作为办事力量的文明办系统三大条件，落实了做什么、怎么做、谁来做的三项任务，初步形成了一个思想道德建设的"工程系统"，为思想道德建设的"治理转向"奠定了基础。而《公民道德建设实施纲要》在其中就扮演着"怎么做"的角色。所以，这个"治理转向"其实就是对公民道德建设提出的内在要求。

从2012年至2019年这7年间，思想道德建设的主题是"引领治理"。这个主题有两个关键词：一个是"引领"，一个是"治理"。笔者先谈论"治理"。这里的"治理"是说思想道德建设发生了"治理转向"，有全面融入国家治理体系与治理能力现代化建设的发展趋势。除了《决定》中提及要把思想道德建设纳入国家文化治理体系之外，另一个标志性事件是《决定》颁布前三个月中央深改委在第九次会议上审议通过的《国家科技伦理委员会组建方案》。这个方案首次提出了要"构建覆盖全面、导向明确、规范有序、协调一致的科技伦理治理体系"。它标志着一种治理模式的打开方式：作为国家文化治理体系的重要组成部分，思想道德建设应全面融入国家治理体系，成为提升各方面治理能力的强大软实力，而对这项事业的落实和实施就是新时代公民道德建设工程的主要内容。再来谈论"引领"。"引领"在这里说的是社会主义核心价值观的作用。社会主义核心价值观是思想道德建设的灵魂，是在做什么（以德治国）、怎么做（实施公民道德）、谁来做（文明办系统）之前起着引领作用的"为什么做"。当社会主义核心价值观把这个由自身引领的思想道德建设体系带入国家治理的时候，就形成了系统化的国家伦理治理体系。[①]从改革开放以来思想道德建设的历史来看，这里是个转折点。由此开始，思想道德建设从"适应经济"的"适应"阶段转向"引领治理"的"引领"阶段。这种转向意味着，国家是在一种积极的文化自觉中推进治理体系与治理能力现代化过程的。通过前期一系列的铺垫和准备工作，这种文化自觉会像人体的血液一样通过制度体系的血管流遍国家治理体系的全身。而公民道德建设就是这个血液循环系统的心脏，负责让文化自觉的血液在体系的全身流淌。

（二）伦理治理系统的"3×5"结构

国家治理体系中的公民道德建设是一项新时代的大系统治理工程。这意味着我们应站在社会工程学的角度理解公民道德的"建设问题"，研究关于公民道德的"建设理论"。这是一个在观念上很容易分清，但在研究和实际工作中又很容易忽视的问题。因为人们往往习惯于把"认识"公

[①] 习近平在十八届中央政治局第十三次集体学习时的讲话中指出："培育和弘扬核心价值观，有效整合社会意识，是社会系统得以正常运转、社会秩序得以有效维护的重要途径，也是国家治理体系和治理能力的重要方面。"中共中央文献研究室编：《习近平关于社会主义文化建设论述摘编》，中央文献出版社2017年版，第106页。

民道德的理论简单套用到对公民道德如何"改造"的理解之中,从而把在认识领域厘清的问题又在实践领域还原了回去。实际上,道德建设理论比道德理论要宏大得多,仅仅从建设公民道德这个工程所涉及的学科知识来看,就不是道德理论所能涵盖的。且不说与各个专业治理领域相关的应用伦理学研究及其职业伦理问题需要涉及除道德理论之外庞大的跨学科知识群,就是一些与治理问题高度相关的基础理论学科如道德心理学和道德社会学,如果没有心理学和社会学的专业知识背景,道德理论也是无法独立成型的。从这个意义上讲,要在国家治理体系中推进新时代公民道德建设工程,就要研究公民道德建设的"工程理论"。

从工程理论的角度来看,公民道德建设应当具有一个完整的工程链:工程目标—工程要素—工程设计—工程结构—工程运行—工程维护。[①] 工程目标是公民道德建设的目的。这个目的既是实施工程的动机,也是评价和检验工程运行绩效的标准。工程要素是指可以用来从事道德建设的社会组织、人力资源、技术手段、法律法规、公共政策、规章制度、风俗习惯等,是可以纳入工程设计并加以利用的工程构件或零件。工程设计是按工程目标的要求把各种工程要素组建成一定结构的理念和工作思路。工程设计不光指一个成型系统的准确结构,还包括建成这个结构的实施方案和步骤。而被实现了的工程设计就是工程结构。这是一个形成过程,在这个过程中,道德建设举措所能体现的系统功能将不断涌现,直至工程运行。到了工程运行阶段,我们不仅要按照工程预期目标对工程运行情况进行测试,还要根据运行中所出现的问题及时进行调整。最后,一个运行良好的公民道德建设工程还需不断得到维护以保障自身的可持续性,如在机构、人员、技术、研究、制度等各方面的投入。在这个工程方法论的指导下,

---

① 这个操作链参考了殷瑞钰院士对工程方法论的探讨。参见殷瑞钰:《关于工程方法论研究的初步构想》,载《自然辩证法研究》2014年第10期。

我们设计了一个公民道德建设工程的"3×5"结构，即在政治国家、经济市场、社区社会中建立"政治—行政"伦理、"职业—企业"伦理、"社会—社区"伦理三级构架，搭载社会道德调查模块、社会道德评价模块、社会道德协调模块、社会道德培训模块、社会道德智库模块五大系统，输出超越型和谐（transcendence in harmonization）、道德赋能（moral empowerment）、定义同一性（defining identity）三种系统性道德建设功能。

1. 三层构架

"政治—行政"伦理、"职业—企业"伦理、"社会—社区"伦理是从国家与社会的三种伦理关系出发架构的。"政治—行政"伦理是国家与社会总体的伦理关系，是政治伦理部署行政伦理引导社会治理的政治社会化方式。通过这种方式，国家的政治力量和行政力量可以在伦理上保持一致，促进政治力量流通得顺畅、高效与稳定。这其中，"权力"是"政治—行政"伦理的治理对象。"职业—企业"伦理是国家与"作为市场的社会"之间的伦理关系，是国家通过职业（行业）伦理引导以企业自治为主的企业伦理发展的经济伦理化方式。通过这种方式，企业发展目标与经济社会发展的总体目标可以在伦理上保持一致，推动市场经济健康、有序发展。这其中，"资本"是"职业—企业"伦理的治理对象。"社会—社区"伦理是国家与"作为社区的社会"之间的伦理关系，是国家引导社会组织、社区组织和社区居民形成多元治理共同体的社会化自治方式。通过这种方式，社会公共伦理要求将与公民日常道德保持一致，有利于社会公德的繁荣与兴盛。这其中，"言语"是"社会—社区"伦理的治理对象。这三层伦理是公民道德建设工程的骨架。在这副骨架上搭载前述五大模块之后，工程系统便有了肌肉组织，系统结构才趋于完整。

（1）"政治—行政"伦理建设

在"政治—行政"伦理这一层面，治理的主题是从国家的角度处理国家与社会的伦理关系。这一关系又分别涉及如下三个方面：

其一，国家应在一定伦理观念的引导下建立国家与社会的关系。国家既不能脱离其社会基础寻求抽象的发展逻辑，也不能采取事务主义的立场仅仅把自身看作对社会经验式的响应，而是要在立足社会的基础上，以引导社会的方式发展国家与社会的关系。这里的引导不仅包括各种发展战略和规划，以及由这些战略和规划衍生出来的法律法规和公共政策，还包括和这些战略、规划、法律、政策高度融合的伦理理想、道德信念、伦理原则和道德要求。国家应当在整个治理体系中增强伦理敏感度，不仅对各项治理措施承载的价值观念有清晰的认识，还能把政策在执行过程中的伦理评价及其道德后果充分地考虑进来，全体系、全方位地提升各层级、各领域、各环节治理的伦理质量，充分发挥伦理道德在国家治理体系中的积极作用。

我们应当知道，这不是对国家的特别要求，也不是给国家治理体系添加的额外负担，而是治理活动的内在要求和中国特色的文化精神使然。中国的传统文化是一种伦理文化，这个文化的核心就是教人做一个好人，国家要成为一个"有道德"的国家。钱穆先生在《中国历史精神》里说："中国人说：'古之欲明明德于天下者，必先治其国；欲治其国者，必先齐其家；欲齐其家者，必先修其身。'个人、家庭、国家、天下，都有一个共同的任务，就是要发扬人类最高的文化，表现人类最高的道德。所以中国人的国家观念，是一种'道德的'国家，或是'文化的'国家，所以必然要达成到'天下的'国家。"[①] 中国人的这种国家观念是和古代德治

---

① 钱穆：《中国历史精神》，九州出版社2012年版，第25页。

思想互为表里、相辅相成的。更重要的是，中国古代的"德治"不只是一种观念或理论，而是和中国古代政府的组织制度、考试和选举制度、教育和学校制度、赋税制度甚至国防和兵役制度融为一体的，德治观念对政治制度体系起着极为重要的引导作用。脱离了这一点理解中国古代的"德治"，只强调德治思想或政治制度细节，是不足以掌握中国古代治国理政之精髓的。可以说，这既是我们国家的文化传统，也是我们的文化传统和其他文化传统相比，其特色和优点所在。国家治理体系与治理能力现代化建设作为新时代治国理政的纲要与核心，理应在继承优秀文化传统的基础上继往开来、推陈出新。

其二，应在国家层面建立重大社会问题治理的伦理协调机制。2019年7月，中央深改委第九次会议召开，会议审议通过了《国家科技伦理委员会组建方案》。会议指出，科技伦理是科技活动必须遵守的价值准则。组建国家科技伦理委员会，其目的就是加强统筹规范和指导协调，推动构建覆盖全面、导向明确、规范有序、协调一致的科技伦理治理体系。要抓紧完善制度规范，健全治理机制，强化伦理监管，细化相关法律法规和伦理审查规则，规范各类科学研究活动。这是我国首个在国家层面针对重大社会问题专门建立的伦理协调机制。国家科技伦理委员会的组建，标志着伦理治理正式被纳入国家治理体系，成为国家治理的一种建制化力量。可以说，这是对"以德治国"理念最好的落实和诠释，是国家治理体系与治理能力现代化的创新举措。

同时，作为国家治理体系的重要一部分，国家层面组建的伦理协调机制可以不断向下规范和引导已经建成的或可以筹建的伦理治理组织，把这种伦理协调机制所能发挥的治理功能层层传递下去。这个伦理协调机制不仅能把治国理政的价值观念通过实际工作传递下去，其本身还是一个重要的社会风险预警、防控中心。这个伦理机制如果运转良好，那就相当于在国家治理体系中安置了一个能让老百姓放心的"社会良心"。

其三,确保政治目的与行政手段在治理过程中的伦理一致性。国家治理的政治要求是通过行政力量执行和实施的,因此,前两个方面提到的政治伦理问题,在实际工作中是要通过行政力量部署或落实的。这意味着,政治伦理意图是否能够贯彻并实现,关键在于政治目的和行政力量是否能在伦理上保持一致。所以,政治伦理和行政伦理之间会有一个协调问题。但这里提及的政治伦理与行政伦理的关系,不是威尔逊和古德诺所说的"政治—行政二分"意义上的对立关系,而是一种目的和目的内涵的手段之间的关系。"政治—行政二分"理论适应的是西方国家的党争政治。为了尽可能地减小代表不同政治立场的政党轮流上台执政对行政系统造成的影响,把行政与政治分开,就能在保证行政系统独立性的同时,避免党争政治对国家权力运行系统的干扰。

但中国不存在西方国家的这种情况,政治与行政在根本上并没有冲突,其一致性和协调性要远高于西方国家的政治体制。我们通常说的中国特色社会主义的制度优势,从某种意义上就是指这种一致性和协调性。但这并不意味着在现行的中国政治体制中,政治与行政的关系就没有问题。政治目的与行政手段脱节就是其中一个。在理想情况下,行政手段应当是政治目的内生的手段,但行政手段有时也会因为追求自身效率而偏离原本的政治目的,或是在误解甚至扭曲政治目的的情况下造成权力的越界或滥用。这些偏离、越界或滥用,要么是对行政伦理的不自觉,要么就是行政伦理观念与政治伦理观念不在一个频道上。从某种意义上讲,在行政工作中经常强调的领会"文件精神"的要求,其实就是要让行政的伦理领会政治的伦理,从而在伦理上能够保持一致。

(2)"职业—企业"伦理建设

这里的"职业—企业"伦理建设和下文讨论的"社会—社区"伦理建

设，是从伦理的角度讨论国家与社会的两种关系。伦理是联结国家与社会的一种重要的关系和纽带，是让国家权力和社会秩序达到某种平衡的团结性力量。制度体系也好，管理方法也罢，从根本上讲，都只不过是某种目的的内在手段，而这个目的就是建立伦理的共同体，即共同体成员的自由与共同体的和谐，能够处在一个结构性的平衡之中，使共同体成员能够在典型的或非典型的环境中做出伦理行为。凡是有助于建立伦理共同体的制度设计、管理方法、技术条件等，其本身就是合法的、合理的、有效率的或公正的。各个企业或行业能否建成伦理共同体，各种社会力量或社区能否建成伦理共同体，涵盖市场和社会的国家能否在此基础上建立更大规模的伦理共同体，是衡量国家治理体系与治理能力现代化的核心标志之一，也是国家治理的根本归宿。

从发展职业伦理的角度探寻国家与社会的协作关系，法国社会学家涂尔干是第一人。在涂尔干看来，国家与社会的正当关系既不是一种建立在各自逻辑基础上的制约和对抗关系，也不是由个体经验汇集在职业群体中形成的功利要求自然过渡为国家政治。国家与社会之间的关系，其正确打开方式应建立在一种相互需要的协作关系上，而建立和维系这一协作关系的恰恰是职业伦理。从社会这一方面来看，"首先，社会激活了历史传统的当下生命，法团所具有的共有制形式以及凝聚着集体公共性的仪式、意识和精神，都是构造现代道德不可或缺的基础。其次，职业群体构成了连接个体与国家的一个重要中介，既可作为个体所依恋的组织性载体，同时也为国家政治构成了富有弹性的保护带，从而避免了盲从性的个体因政治不满而形成不断革命和复辟的往复变迁"[①]。涂尔干在这里提到的法团是源于罗马时代、复苏于中世纪时期带有宗教社团性质的职业组织。随着

---

① 转引自渠敬东：《职业伦理与公民道德——涂尔干对国家与社会之关系的新构建》，载《社会学研究》2014年第4期。

资本主义工商业的发展，法团组织已不复存在。在涂尔干看来，这是他那个时代的法国社会之所以金钱至上、社会失序、道德滑坡的主要原因。涂尔干写作《职业伦理与公民道德》，就是倡导要在经济社会中重建现代意义上的法团，即职业伦理。而职业伦理在协调国家与社会之间的关系上所发挥的功能，上述引文已经说明。这意味着，我们不能仅仅从日常的"职业道德规范"这个角度来理解职业伦理，而应认识到，职业伦理有其重要的公共政治功能，是现代社会系统和国家治理体系不可或缺的"系统软件"。

不过，随着现代社会经济发展形式的不断变化，职业伦理的运行方式也应当随之发生改变。在涂尔干所处的时代，法团的成员基本是由手工业者组成的，但在现代经济社会中，社会最基本的功能性组织是各式各样的企业。有的企业发展到一定规模形成集团化后，甚至可以介入公共政治，发挥以往只有国家才能行使的某些社会职能。因此，现代意义上的职业伦理，应当是以企业伦理为核心，包括以企业为基础建立的行业协会在内的"职业—企业"伦理体系建设。从这个意义上讲，"职业—企业"伦理当中的职业概念也含有行业的意思。

更进一步说，在现代经济体制中，企业也只不过是资本力量的活动载体和再生产组织。所以，"职业—企业"伦理建设的本质其实是用伦理治理资本，即对资本的活动方式和再生产过程进行伦理治理。我们通常所说的市场力量，其实是资本力量的市场化。有其自身逻辑的资本力量及其人格化的利益集团，作为一种巨大的社会权力，在现代社会系统乃至国家政治中有着举足轻重的作用。这意味着，国家与社会的现代关系主要是国家与资本之间的关系，因为资本俨然已经成为最大的社会驱动力量。从这个意义上讲，"职业—企业"伦理建设不仅仅是一个伦理事件，也是一个重大的国家政治事件，只不过是以经济伦理作为表征的国家政治事件。

如今，从规范理论的角度来看，企业伦理学或商业伦理学（business ethics）、福利经济学与伦理学（welfare economics and ethics）和政治哲学里的分配正义理论（theory of distributive justice），都在讨论与本书提及的"职业—企业"伦理相关的话题。这些研究领域业已形成的一些概念和分析框架，完全可以用来研究和发展"职业—企业"伦理建设。但笔者在这里想要提倡一种可以作为"职业—伦理"建设举措的评价性概念：企业社会成就评价（Corporate Social Achievement，CSA）。[①] 简单地说，这个概念讨论的是如何按照可操作化的指标讨论企业对社会所做出的贡献。我们的设想是，在一个操作得当的评价系统中，当这个评价系统可以被纳入某种治理体系的时候，这个系统可以带来这样一种良性的循环机制：企业通过开发和提供有更多社会价值的产品和服务给消费者的同时，赢得消费者对企业信誉的积累。这种累积的信誉作为一种可度量的社会资本，可以在特定的资本市场引导资本投向信誉资本高的企业。如果这个闭环一旦形成，在这个价值链条上的所有人都将受益。更重要的是，每个人不仅在受益，同时也在做正确的事。

（3）"社会—社区"伦理建设

国家与社会的另一层关系反映在以社区为主要载体的社会层面。"社会—社区"伦理在这个层面上同样可以发挥"职业—企业"伦理的公共政治功能，即它既可以是个体所依恋的组织性载体，同时也为国家政治"在社会的最基层"构成了富有弹性的保护带，从而可以避免盲从的个体因不满而引起的社会动荡。从这个意义上讲，如果我们把国家与社会的关系，理解为"国家与作为市场的社会"和"国家与作为社区的社会"两种关系，那么，分别建立在这两种关系上的"职业—企业"伦理和"社会—

---

① 参见[印度]阿马蒂亚·森：《伦理学与经济学》，王宇、王文玉译，商务印书馆2000年版，第10页。

社区"伦理，就是国家可以通过治理活动为社会秩序的稳定设置的"避震器"。相比"国家与作为市场的社会"的关系，"国家与作为社区的社会"的关系更为复杂、更为琐碎。高难度系数的社会管理与社区治理，也给"社会—社区"伦理建设提出了更多、更特殊的要求。不过，在基层社会生活中，由于伦理道德在调节日常人际关系方面发挥着主要作用，伦理建设在基层社会治理方面恰恰可以产生意想不到的巨大效果。实际上，但凡治理得比较好的社区和社会聚集区，都是伦理建设方面也做得好的社区。只不过，这一情况不容易被人察觉。

当前，社会管理与社会治理的复杂形势主要体现在以下四个方面：其一，利益主体和利益诉求日趋多元导致社会矛盾日益复杂，如何统筹兼顾多元利益考验着政府和社会驾驭复杂局面的智慧；其二，群众的权利意识迅速崛起导致政府权威的降低，如何做好新时期的群众工作考验着政府赢得群众信任的能力；其三，风险社会的特征日益凸显导致社会安全感下降，如何应对各种类型的风险考验着政府和社会应急管理的能力；其四，信息化、网络化时代的来临导致的双刃剑效应，考验着政府和社会如何驾驭虚拟社会、如何与时俱进的创新能力。[①] 这四个方面具有高度的伦理相关性：

其一，利益主体和利益诉求的多元化带来的社会矛盾，往往不能通过输送额外利益简单抹平。因为如果有额外利益可以输送，也就不会产生利益冲突。在这种情况下，利益诉求往往都是利益主体在自己的立场上对自身利益的最大化要求。协调这样的问题，如果不从追求"利益最大化"转变为谋求"有限制的利益最大化"或"合作剩余"，就不能最终解决问题。而引起这种转变的重要方法，就是建立一个可以在共同话语背景下进

---

① 参见郑杭生、黄家亮：《当前我国社会管理和社区治理的新趋势》，载《甘肃社会科学》2012年第6期。

行商谈的平台，同时把"有限制的利益最大化"或"合作剩余"设置为这个商谈平台的话语背景。这就是"商谈伦理"。

其二，目前，中国社会社区治理模式主要分行政型、合作型和自治型三类。从行政型社区向合作型社区的转变和过渡，是当前和今后一段时间内社会治理的发展趋势。[①] 不难发现，这个转变和过渡过程就是政府在社会管理和社区治理中不断下放权力，建立一个由政府、社区组织和社区居民作为共同治理主体的治理模式。政府不再是唯一的治理主体，而是逐渐转变为治理主体的一种，社会力量和社区居民将承担更多的治理主体的角色。这样一来，更多的主体权利就意味着有更多的治理责任，居民的权利意识就和基层治理的民主参与建立了正相关关系。与此同时，政府的权威并没有降低，反而会通过社区居民更多地参与社区治理而提高。这个由居民参与治理的自治过程，其实就是伦理学里讲的自律过程。

其三，这次新型冠状病毒肺炎疫情所引发的一系列社会问题，再一次敲响了风险社会要加强应急管理能力的警钟，又一次强化了人们对国家治理体系和治理能力需要不断提升的意识。同时，通过这次疫情，也让我们看到了社会管理和社区治理中，因忽视伦理建设所造成的各种"凉心"后果。缺少这种伦理建设会让人失去一种最基本的道德素质，即对人的不尊重。由于不尊重人，很多地方像防病毒一样防湖北人；由于不尊重人，很多地方的管理手段简单粗暴；由于不尊重人，不少人不顾是否危害他人健康而隐瞒病情或拒不配合防疫工作。反过来看，由于广大医护工作者尊重人，他们才会成为勇敢的"逆行者"；由于有良心的科学家尊重人，他们才会说实话、办实事、做好事；由于有社会责任感的企业和名人尊重人，他们才会施以援手，捐助对防疫工作最重要的物资等。虽然大多数人也能

---

① 参见魏娜：《我国城市社区治理模式：发展演变与制度创新》，载《中国人民大学学报》2003年第1期。

理解，处在突发公共危机事件中的人们难免会有一些过激的或反常的举动，但我们也要清醒地认识到，只有平常做好伦理建设，在遇到突发事件的时候，人们从容应对、以礼相待的情况才可能是大概率事件。所以，从这个意义上讲，我们可以做个形象的比喻：伦理建设是社会管理和社区治理这个有机体最好的免疫系统。

其四，在信息化、网络化时代，信息技术对社会管理和社区治理的最大挑战，莫过于由信息传染发酵所造成的盲从效应。这种盲从效应有两种表现形式：一种源于日常事件，一种源于突发事件。日常事件的表现是：经常性地通过有价值观植入的信息左右人的情绪和价值判断。这种日常事件有时候并不引发社会事件，只是引起共鸣，但对人的价值观的影响却具有温水煮青蛙的效果。突发事件，是指借助已经发生的公共事件迅速煽动民意、激化情绪、策动群体性行动，或是直接在网络上聚集舆论，通过爆炸信息策动公共事件。这两种表现形式有时候会配合在一起发挥作用，如那些容易被激起的群体往往就是那些被日常信息传播"洗脑"的群体。所以，治理主体应当高度重视网络治理。在人人都是自媒体的移动互联网时代，不能再把网络仅仅当作手段和窗口，网络本身就是群众舆论，就是扩音器，就是课堂，就是一种客观的社会存在。要做好这类网络治理工作，一方面要把网络当作思想宣传的主要渠道，提供有价值含量、知识含量的信息产品，另一方面要在线上和线下同时布置舆情疏解通道和应急方案，以备不时之需。只有做好这两个方面的工作，才能让网络更好地发挥积极价值和正能量。

2. 五大模块

（1）社会道德调查系统

社会道德调查系统有两大模块：一个是信息采集，一个是数据分析。信息采集就是用社会学的调查方法收集道德观念信息供分析、研究、实验、评价等相关活动使用。信息采集应在一定研究框架内进行，服务于特定的工作任务，应充分考虑道德观念的信息化转化问题，做好研究设计；信息采集应尽可能使用多种社会调查手段如问卷量表、访谈、口述、软件等，全面地、立体地掌握调查对象的相关信息；信息采集应注意调查的可持续性，关注在一定研究周期道德观念的变动情况及其规律性条件。数据分析就是对采集来的数据进行加工、整理和基于数据的实证研究。社会调查中采集的一部分可数据化信息是数据分析的对象，另一些数据可以来自可共享的数据化平台或是在一定的研究框架内通过智能抓取技术获得的数据。在后一种情况下，如果道德观念信息以大数据的形式得以呈现，可在此基础上开展较大规模的道德现象研究，包括在算法（algorithm）设计的程序中研究人工智能的道德化问题（AI and ethics）。应明确，在社会道德调查系统中开展的活动应在包括但不限于科研伦理、信息伦理、AI伦理的指导下进行。

（2）社会道德评价系统

社会道德评价系统有两大模块：一个是标准化评价，一个是舆论评价。所谓标准化评价就是围绕公开发布的道德标准开展评估和评测活动。标准化道德评价可以针对不同对象，如文明办针对城市、村镇、校园、家庭和个人开展的文明城市、文明村镇、文明校园、文明家庭、道德模范的评测和评选活动，如一些行业协会、科研机构、评价机构针对各类企业开展的企业社会责任（Corporate Social Responsibility，CSR）评价活动等。标准化道德评价活动的关键在标准的设计上：一是要对标准本身的道德内涵有自觉，二是要对标准可能引起的道德效果有预判，三是要把标准和业务结合起来精心设计，避免就道德评道德。所谓舆论评价就是通过影响舆论达到一定道德评价效果的媒介活动。这是社会道德评价系统中极为重要的模块，也是不确定性最大且最难把握的一块。舆论评价要达到好的效果，评价主体应对评价的道德内涵有深入的理解，应充分重视"话语"在舆论评价中的重要性，不断积累自身的传播公信力，善于运用媒介手段深入处理评价对象，并能够对道德评价效果的社会效应有研判。应明确，在社会道德评价系统中开展的活动应在包括但不限于职业伦理、商业伦理、传媒伦理的指导下进行。

（3）社会道德协调系统

社会道德协调系统主要指通过各种伦理委员会咨询、审议、协调、决策和监督各种道德问题。目前，中国的伦理委员会建制有多种形式，如在中央一级指导包括思想道德建设在内的精神文明建设的中央议事机构中央文明委，如国家在中央深改委第九次会议上通过后组建的国家科技伦理委员会，如在各行业（职业）建立的专业伦理委员会有如医学伦理委员会，如一些企业在内部建立的专业伦理审查组织或合规部门（compliance office），等等。这些伦理委员会分属不同的层级，涉及不同的领域，采取不同的形式，具有不同的职能，总体来说发挥了应有的作用。但总的来说，通过伦理委员会这种灵活、高效、专业、好沟通的组织形式处理道德问题的方式还没有在国家治理体系中发展起来。现有的伦理委员会之间并没有形成一定程度上的协同发展，一些专业领域的伦理委员会还存在职能不清、审查不严的情况，更有一些伦理委员会自身的建设存在不少问题，形同虚设。因此，应进一步推进伦理委员会的专业化、规范化、系统化建设，全面融入国家治理体系，助力治理能力不断提升。应明确，在社会道德协调系统中开展的活动应在包括但不限于各类职业伦理的指导下进行。

（4）社会道德培训系统

社会道德培训系统主要有两个模块，一个是国民教育系列中专门化的道德教育，一个是各类教育培训机构或社会组织的内培部门对职业群体的道德培训。目前，中国在国民教育系列中已经建成了以中小学思想品德教育、高中政治（品德）教育、高等院校思想道德教育为主干的道德教育体系，基本形成了"三全育人"的思想道德教育格局。但在职业道德培训这一块，国家、社会和企业的关注还远远不够。这主要是因为很多人并不了解真正的职业道德培训能做什么，误认为职业道德培训就是动动嘴皮子的道德说教，实际上起不了根本作用。但事实上，职业道德培训是一项拥有专门技术含量的终身学习项目。对工作环境中伦理问题的敏感性识别、对分析复杂的职场伦理问题所要运用的概念和框架、对看待职业公共性问题不可或缺的视野、对道德判断和评价所运用的推理技巧、对改善人际沟通所需要的道德知识、对自我心智发展所要掌握的思想方法等，这些都需要专业的职业道德培训来完成。特别是在那些用伦理守则（code of ethics）管理组织文化的企业，职业道德培训更是不可或缺的。应明确，在社会道德培训系统中开展的活动应在包括但不限于各类职业伦理、教育伦理的指导下进行。

（5）社会道德智库系统

社会道德智库系统是指专门研究公民道德建设如何推进国家治理现代化工程的科研机构。不同的道德智库系统可以根据自身的基础和条件发展不同的研究方向，逐渐形成自己的研究特色和专长，打造自己的研究品牌。但无论研究什么方向，道德智库的研究类型主要应是政策导向型。所谓政策导向型研究，就是研究在实际工作中可推进公民道德建设的治理政策。首先，政策导向型研究以问题为导向。这些问题并不来源于学科知识，而往往是现有的学科知识不能加以概括的新的现实伦理问题，这需要我们采取回到问题本身的研究立场，不能囿于学科视野。其次，政策导向型研究是实质性的跨学科研究，是多学科专家联合开展合作研究的会诊。这些跨学科领域的专家既要有跨学科研究的视野和背景，还要在合作研究中开启"范式"模式，即认同和共享共同价值，探索不同概念和分析框架的共同使用方式，一致遵守科研伦理规范，一致使用良好的沟通与协商方式。最后，这些研究成果都要转化和落地为治理政策，特别要形成具有可操作性的工作思路和实施方案。应明确，在社会道德培训系统中开展的活动应在包括但不限于科研伦理的指导下进行。

（三）伦理系统的三大治理功能 [①]

我们设计的公民道德建设工程"3×5"结构形成后，可以发挥三种可预期的治理功能：

1. 超越型和谐（transcendence in harmonization）

超越型和谐是指个体从私人视野向超私人视野转变的一种意识过程及其行动表现。超越型和谐功能会产生"聚升效应"。它是把个体从私人视野向公共视野提升的一种意志过程及其行为表现。它能给治理活动提供统一的动员和组织力量，在重要和突发性事件中稳定公共秩序，培养公民通过对共同善的思考发展出承担共同责任的语言及行为。在这个过程中，个体会把自己的主观特殊性与某种客观普遍性自觉地联通起来，在主观意志与客观意志相统一的基础上行动。[②] 这是伦理的本质特性，这一特性对治理活动来说至关重要。

首先，所有治理活动得以进行的前提是"把人动员和组织起来"。动

[①] 部分内容发表于《国家治理的伦理系统：概念、功能、构架与运维》，载陆丹主编：《中国治理评论》（2020年第1期），社会科学文献出版社2020年版。

[②] 超越型和谐也是黑格尔在《法哲学原理》一书中所说的"伦理法"的特性："主观的和客观的、自在自为存在着的善的统一性就是伦理性法，在伦理性法中产生了根据概念的调和。其实，如果道德法是从主体性方面来看的一般意志的形式，那么伦理法不仅仅只是主观的形式和意志的自我规定，而且还是以意志的概念即自由为内容的。无论法的东西和道德的东西都不能自为地实存，而必须以伦理的东西为其承担者和基础，因为法欠缺主观性的环节，而道德就其自身而言则又仅仅具有主观性的环节，所以两个环节就其自身而言都缺乏现实性。" [德]黑格尔：《法哲学原理》，邓安庆译，人民出版社2016年版，第280-281页。

员得好意味着人们可以在共同意志的概念下迅速聚集,而组织得好则意味着这种聚集是有条理的。对前者来说,这种聚集是一种超越私人视野的提升。对后者来说,这种超越是在一种和谐有序的环境中进行的。可见,动员和组织活动本身就是一种伦理活动。这意味着,当伦理特性转化为治理体系中的系统惯性,动员和组织活动就会变得日常社会化且高效。

其次,在遭遇重大或突发性公共事件中,伦理系统的超越型和谐功能可以发挥巨大的协调和稳定作用。在这种情况下,从作为形式原则的和谐概念转化来的共同意志,将在定言命令的意义上不断减震社会动荡,保障特殊情况下的治理活动能够在可介入的环境中进行。

再次,超越型和谐功能天然地适合政治活动,有助于提升公民的政治道德。国家治理是一种政治活动,需要公民超越个人层面思考关于共同善和美好生活的问题,需要公民在这种思考中发展出承担共同责任的语言及行为。这个过程是公民不断超越自身、追求卓越的过程。同时,这个过程也是公民道德的养成过程。

最后,超越型和谐功能发挥作用的过程也是权威形成的过程。虽然作为治理主体的权威可以有很多面向[①],但所有的面向若要长久树立,都离不开伦理力量的支撑。从这个意义上讲,伦理特性是作为共同意志人格化的权威形象最持久稳定的品质。

2. 道德赋能(moral empowerment)

道德赋能主要指伦理系统向子系统或个人释放和输送权能。相比之

[①] 在马克斯·韦伯看来,权威是建立在合法性基础之上的支配。他将权威分成三种理想类型:传统型权威、卡里斯玛权威和法理型权威。简单说来,传统型权威建立在古老传统和常规惯例的神圣基础之上;卡里斯玛权威来自于对某种人格特质、超凡魅力、英雄气概的认同;法理型权威来自于对非个人的法律、合理法则、规章制度的信任。马克斯·韦伯对权威的讨论,参见康乐编译:《韦伯选集Ⅲ:支配的类型》,台北,远东出版事业股份有限公司1989年版。

下,在治理活动中,如果说超越型和谐产生的是"聚升效应",那么道德赋能产生的就是"下沉效应"。"下沉"意味着伦理系统将赋予子系统或个体不断提高自主性的权能。通过赋予子系统和个人更多的权能,能激励他们改变影响自身的环境,不断提高对工作和生活的自主性,不断提高伦理"辨识能力"和建立在这种能力基础上的"行为能力",不断强化基于自主选择的责任意识。道德赋能作为一种重要的赋能形式,对治理活动有着特别重要的意义。

首先,道德赋能的治理功能契合现代治理活动对治理主体多元化的要求。所谓治理主体的多元化,就是让多元主体共同参与治理活动,这一治理模式有别于由政府一家自上而下包揽所有治理活动的传统威权模式。由"一家"向"多元"的转变,意味着政府要"下沉"更多的权能给更多的治理主体,赋予社会和个体在治理活动中更大的自主权,共同参与社会治理,共享自治的成果。在这个过程中,伦理系统始终发挥着交互增强自主意识和责任意识的赋能作用。

其次,道德赋能将塑造治理主体的道德能力(moral agency)。这种能力主要分"辨识能力"和"行动能力"两种。在前者,它会增强治理主体对伦理问题的敏感性,帮助治理主体在复杂的治理环境中自主判断、自行选择。在后者,它会促使治理主体在"辨识能力"的基础上发生随附性行为,即辨识结论同时激起行动意志,并引发自我约束或帮助他人的行为。

最后,"辨识能力"和"行动能力",可以在治理活动中,以道德合理性为基础发展出共同话语模式和意见协商机制。共同话语模式是相互理解、对话交流、形成共识的前提,而意见协商机制是解决纷争、形成一致同意、做出集体决策的必要条件。从这个意义上讲,伦理系统就是一个可平台化的治理方案解决机制。

3. 定义同一性（defining identity）

定义同一性功能会产生"认同效应"。它能强化个体与治理共同体之间的认同关系，激起个体对共同体治理文化的价值认同和情感归属，生发出个体的自我认同（self-identity）和尊严感（self-esteem）。伦理系统不但可以塑造这种认同，还可以使其成为"强认同"。这是一种深层次上的心理认同，是对治理文化中所蕴含的价值观念的认同。

以中国的治理文化为例。中国国家治理的特点和重点历来是"民生政治"，这与中国自古以来"民为邦本"的政治文化是一脉相承的。相应地，中国人对民主政治的理解也是"民生治理"，即民主政治的核心是解决老百姓在现实生活中主要面临的实际问题。[①] 由此可见，中国人对本国的治理文化是高度认同的。在传统社会，这种高度的认同关系是建立在"君"与"民"之伦理关系基础上的。在古代政治生活中，"君"与"民"不是孤立存在的"无负荷自我"（unencumbered self），而是在伦理关系中相互依存的"情境自我"（self-in-situation），他们彼此在这种伦理关系中负有不可推卸的道德义务。宗法制更是给这种伦理关系加持了一种抽象的血亲模式（君父—子民），使两者的关系不但更加亲密，而且自然而然。从这个意义上讲，"民为邦本"的政治文化其实就是中国的"德治文化"。这种文化在"国"与"民"之间建立了亲密的伦理关系，既强化了从政者关心民众生活，并以民生治理为核心评价政绩的治国方针，也培养了中国人源远流长的"国家情结"。如今，虽然属于封建社会伦理的"君—民"关系已不再适用，但这并不意味着我们要放弃这种政治文化中的积极面，即始终保持国家与民众之间亲密的伦理关系。从这个意义上讲，伦理系统应当在国家治理体系中担负起

---

① 参见杨光斌：《以中国为方法的政治学》，载《中国社会科学》2019年第10期。

这个职能，在承继优良政治文化传统的基础上，塑造和强化国家与民众之间的现代伦理关系，既让国民在这种伦理关系中获得更深厚的自我认同和尊严感，也让国家在这种伦理关系中聚集更多的政治能量造福于民。

（四）伦理系统的治理运维[①]

伦理系统的治理运维这部分讨论的是系统运行的构成要素。这意味着，伦理系统不是一个虚体，而是一个可以有组织、有专业队伍、有特定目标和任务的治理实体。要建成这样一个系统化运行的治理实体，伦理委员会建制、政策导向型研究、定制伦理守则和培训职业道德这四个构成要素缺一不可。

1. 伦理委员会建制

伦理委员会是维系伦理系统在国家治理体系中运行的实体组织。伦理委员会建制就是建设伦理系统本身，其建设内容主要包括但不限于随后将要讨论的政策导向型研究、定制伦理守则和培训职业道德。从操作层面上讲，伦理委员会建制应当嵌入国家治理体系的各个相关环节和层面，以不断驱动伦理系统在国家治理体系中的治理功能。

政治学里讨论的委员会主要有如下一些功能：（1）委员会可以处理一些复杂的公共事务，这些事务不能简单地通过执行或照做来处理；（2）委员会可以是正式的决策实体，能推动更高效和迅速的决策；（3）委员会可以对公共政策进行分析与辩论，使各方的观点和利益都能充分地表达出来；（4）委员会可以进行行政协调和信息交流，确保所做的决策建立在充分掌握信息的基础上；（5）委员会有咨询建议、

[①] 部分内容发表于《国家治理的伦理系统：概念、功能、构架与运维》，载陆丹主编：《中国治理评论》（2020年第1期），社会科学文献出版社2020年版。

审议和审查监督的功能，主要涉及对不确定性和风险的讨论以及相关的合规性审查；（6）委员会可以有专业分工，如专家委员会、协调委员会、分委员会等，进而推动专业技能和知识的积累。[①]政治学里讨论的这些委员会的功能同样也适用于伦理委员会，只不过，伦理委员会处理的是伦理相关性问题。在西方国家，伦理委员会是重要的日常事务处理机构。以美国为例，绝大多数政治机构、科研教学机构、公共组织、企业公司、社会团体等，都设有实际运行的伦理委员会，并制定有明确而详细的行为规范。

2. 政策导向型研究

伦理治理工作需要有一个强大的智库系统来支撑，这个智库系统专门从事以应用为导向的政策研究。所谓政策导向型研究，就是研究可在实际工作中运用的治理政策。从伦理学的角度来看，政策导向型研究不仅是一种应用伦理学研究，还是一种以应用伦理学研究为框架，重新整合原有伦理学资源的研究类型。首先，这种研究以问题为导向。这些问题并不来源于学科知识，而往往是现有的学科知识不能加以概括的新的现实伦理问题。这需要我们采取回到问题本身的研究立场，不能囿于学科视野。其次，政策导向型研究是实质性的跨学科研究，是多学科专家联合开展合作研究的会诊。这些跨学科领域的专家既要有跨学科研究的视野和背景，还要在合作研究中开启"范式"模式，即认同和共享共同价值，探索不同概念和分析框架的共同使用方式，一致遵守科研伦理规范，一致使用良好的沟通与协商方式。再次，由于这些研究最终都要落实在政策当中，这意味着，这类研究是一种带有工程学性质的转化型研究。传统的伦理学研究成果在这里只能作为背景知识，关键在于这些知识向政策的"转化"，这种

---

① 参见[英]安德鲁·海伍德：《政治学核心概念》，吴勇译，中国人民大学出版社2014年版，第129页。

转化才是这类应用伦理学研究的核心与主要内容。最后，要对政策导向型研究体系本身进行研究。这是一种支撑性研究，比如说对政策评价及其回馈系统的研究，在政策研究过程中关于信息数据采集和社会伦理调查的研究，等等。应用伦理学研究只有转变到这个轨道上来，才能符合政策导向型研究的基本要求，实现伦理学研究的现实治理作用。

3. 定制伦理守则

治理体系中的伦理守则（code of ethics）不是一般意义上的日常道德要求，不是停留在书面形式和口头形式上的道德规范，其是具有"法典化"意义的行为规范。这意味着，它不是"装饰性文件"，而是一种"日常操作手册"，是由专业组织制定的、对相关人员具有现实约束力的行为规范。除了伦理守则"法典化"的特性之外，还应强调伦理守则的"定制"特性。定制伦理守则，意味着治理主体需要根据特定的治理对象所从事的特定工作专门制定行为规范，特别是对那些高度专业化的职业领域，更应当在充分熟悉业务流程的基础上制定伦理守则。在具体定制伦理守则的过程中要处理好三个方面的问题：首先，应当把组织追求并坚守的价值观念和道德原则在守则中公开明确地表达出来，让组织内外的人对组织目标和功能都有一种基于价值的理解方式。其次，伦理守则既可以"立足价值"（value-based），也可以"立足合规"（compliance-based）。前者更加注重价值引领和组织成员的自我管理；而后者更加注重通过严格细致的规范条文指导成员行为，这类守则一般对违反条文的后果及处罚方式有着明确的说明。很多组织专门设有合规部门（compliance office）来管理这类事情，有些组织也会把两种类型的伦理守则结合起来使用。但无论如何，为了伦理守则的可操作性，必须列出具有实质性的指导行为的规范条例。最后，应当在组织中成立专门的部门负责伦理守则的合规管理，尤其应当在伦理守则中对举报违规行为的"吹哨人"（whistle-blower）

给予保护。不仅如此，伦理守则的制定应充分尊重伦理共同体的习俗、专业等特殊性。应给予制定伦理守则的组织在法律框架内高度的自由裁量权，且伦理守则必须是透明和公开的。

4. 培训职业道德

伦理系统在国家治理体系中发挥着基础性作用，几乎影响着每一个人。因此，从伦理治理的重要性来看，应当在各行各业广泛开展职业道德培训，不断提升治理工作者的道德素质。

首先，道德是人在生活经验中养成的，人的伦理观念的形成就是对这些道德经验的体验和认识。但人在这个层面所获得的道德认识往往只限于常识道德，还不能深入理解道德和伦理概念，也不大可能超越私人的视野思考公共善的问题。因此，概念化的道德教育和专门化的道德实践就显得十分必要。这两项内容在古代社会都是家庭教育的主要内容。在现代社会，概念化的道德教育主要由学校教育承担，但本应由职业培训承担的专门化的道德实践是缺位的，特别是和业务活动结合起来的职业道德培训和概念化教育更是缺乏。职业道德一定是需要培训的，因为常识道德根本无法处理日益复杂的职业伦理问题。

其次，职业道德培训是一项拥有专门技术含量的学习项目，不是人们通常所理解的道德说教。对工作环境中伦理问题的敏感性识别、对分析复杂伦理问题所要运用的概念和框架、对看待公共性问题不可或缺的视野、对道德判断和评价所运用的推理技巧、对改善人际沟通所需要的道德知识、对自我心智的发展所要掌握的思想方法等等，都需要专门的职业道德培训来完成。显然，这些专门的知识和技能不是动动嘴皮子和拍拍脑袋就能想出来的。

最后，在伦理守则发生着实际效力的组织治理中，以守则内容为合规要求进行专门的适应性训练是极为必要的。它应是这类组织开展职业道德培训的主要内容。通过针对伦理守则的培训，组织成员不仅能提升自己的业务技能，还有可能使自己升华为职业伦理共同体的一员。

从治理运维的角度来看，这一系统工程有四个"施工"要点：

（1）工程结构要系统化。特定工程建设者可自主选择需要搭载的模块或开发新模块进行工程设计。例如，可以用调查系统的"数据分析"模块+评价系统的"标准化评价"模块+协调系统的"审议型伦理委员会"模块+培训系统的"职业道德培训"模块+智库系统的"CSR研究方向"模块，建立某职业（行业）的伦理治理系统工程。但无论搭载什么模块，工程结构一定要有系统性，就是要协调好专业化模块与系统性集成之间的关系。检验工程结构是否达到系统化标准的一个方法就是看系统性功能是否可以涌现。

（2）构建数据基础设施。应当认识到，构建数据基础设施是新时代公民道德建设工程的关键一招。上升到工程级别的公民道德建设，除了大格局的顶层设计之外，还要以了解较大规模社会道德状况为基本前提。如果没有这个前提，所谓的大格局就很可能是"拍脑袋"，而对这一前提最精确的把握就是能掌握大量有效的道德观念数据。应当认识到，对于社会工程来说，信息数据目前是反映人类意识领域最"传真"的物理测量工具。虽然我们同时要警惕迷信数据的还原主义立场，但无视数据在反映人类道德现象上所发挥的作用也是不明智的。为了避免重复建设和浪费资源，应当在公民道德建设工程中大力构建数据基础设施。

（3）伦理法则化管理。前文在介绍每个工程系统的段落结尾都指出了相应的伦理要求，为了让这些要求实际地指导建设工作，就需要在国家治理体系的各个层次、领域制定伦理守则并在此基础上进行伦理法则化管理。所谓伦理法则化管理，就是在实际的伦理相关性活动中遵照、实施和执行伦理守则，真正把伦理守则当作对实际行为具有引导和约束作用的规范。伦理法则化管理的前提是要把守则的制定和业务活动紧密结合起来，只有把伦理要求融入业务活动，才能真正发挥守则的作用。同时，在制定守则时应写明守则所追求的价值理念和坚守的伦理原则，写明具体的行为规范条文及对违规行为的处罚。

（4）实现工程体制化（engineering institutionalization）。工程体制化是指公民道德建设工程应无违和地嵌入社会生态系统。社会生态系统对公民道德建设工程并不产生排斥反应，公民道德建设工程在社会生态系统中运转良好并逐渐成为约定俗成的体制化产物，与系统合为一体。社会工程的体制化问题是一个非常重要但往往被忽视的问题。特别是像公民道德建设这类与人的思想意识高度相关的社会工程，处理不好体制化问题，就会使项目成为形同虚设、可有可无、浪费资源甚至起到反作用的烂尾工程或豆腐渣工程。因此，公民道德建设工程应在实施的全过程充分地考虑工程体制化问题，让工程更好地融入社会，产生更多的社会效益。

建设国家治理的伦理系统是一个长期且繁杂的工程。限于篇幅，这里提及的伦理系统的治理功能、治理构架和治理运维，只能从大的方面进行概括、提炼和总结。所以，很多具体的细节都没有涉及，也无法展开深入讨论。但这种从大面处理的方式容易给人带来某种总体性直观，可以使人更为系统、整全地看待问题。总的说来，在国家治理体系中建设的伦理系统，应涵盖和吸收改革开放以来国家在思想道德建设方面的成功经验和各类资源，应联合行政、市场、社会三方力量统筹建设，应借助高校和科研机构的学术力量发展伦理研究型智库，应把国民教育系列作为道德教育的主要渠道纳入进来，应充分挖掘优秀传统文化和优质西方治理经验为我所用。这个伦理系统若运转良好，国家治理体系与治理能力现代化建设必将蹄疾步稳地迈入新境界。

第二节　国家伦理治理体系与发展职业伦理[①]

"职业—企业"伦理是国家与"作为市场的社会"之间的伦理关系。我们之所以认为"职业—企业"伦理是新时代公民道德建设的关键领域，主要基于我们对中国社会结构之历史转变的研判。在我们看来，每一种道德理论或道德建设理论都有或隐或现的社会构想及相应的政治诉求为蓝图和背景。这些蓝图和背景中自然包含对理想的国家政治的设计与想象[②]，有些构想和设计被做成了社会理论或国家学说与道德理论相呼应，有些构想和设计被做成现实的政治制度从而直接影响社会道德建设。而有些蓝图还只停留在想象阶段，于是就成了乌托邦。道德理论这个特性对道德建设理论来说就更为重要，如果没有对道德建设赖以生根的社会状况有充分的了解，道德建设根本无从谈起。若依靠政治力量强行推行，大概率事件要么是适得其反，要么是无疾而终。因此，道德建设理论一定要立足于一定的社会理论。正是从这个意义上讲，我们认为，由于国家与"作为市场的社会"之间的关系是当代中国最重要的一种政治活动和社会治理对象，因此，两者之间的伦理关系也必然对整个社会的道德状况有着奠基作用。所以，体现这种伦理关系的"职业—企业"伦理必定是道德建设

[①] 部分内容发表于《论职业伦理在公民道德建设中的地位和作用》，载《新视野》2016年第4期。

[②] 这种特性反映在伦理学与政治哲学数千年的复杂关系之中。伦理学提供的人性理论及其推理方法给政治哲学提供了目的价值和合理性论证手段，而政治哲学提供的人际结合方式与交往模式设计不断丰富和提升着伦理学视野。在中国，伦理学与政治哲学（政治伦理）的和谐有厚重的文化基础支撑。但在西方，伦理学与政治哲学的关系相对比较紧张，特别是现实主义的政治哲学路径，对伦理学多有排斥。

的关键领域。

（一）职业伦理是公民道德建设工程的关键领域

100多年前，法国社会学家涂尔干在《社会分工论》的第二版序言中写道："我再三强调了现代经济生活存在着的法律和道德的失范（anomie）状态。……那些最该受到谴责的行为也往往因为成功而得到迁就，允许和禁止、公正和不公正之间已经不再有任何界限，个人几乎以一种武断的形式把这些界限挪来挪去。道德也是那样的含混不清，反复无常，根本形成不了任何纪律。因此，集体生活的整个领域绝大部分都超出了任何规范的调节作用之外。……假使没有道德不断限制我们自身的行为，我们怎么就养成了习惯了呢？假使我们整天忙来忙去，除了考虑自己的利益之外没有其他规范可循，我们怎么会体会到利他主义、无私忘我以及自我牺牲的美德呢？经济原则的匮乏，不能不影响到经济领域之外的各个领域，同样，公民道德也随之世风日下了。"[1] 在涂尔干看来，由于经济原则本身的匮乏，现代经济生活存在法律上和道德上的失范。经济领域的混乱和失序会影响整个社会生活，造成公民道德的衰退。涂尔干并没有简单地从道德的角度评判这种失范状态，而是认为，当经济变革带来社会结构调整，维系社会团结的旧道德就会失去约束力，如果稳定社会的新道德尚未建立，社会失范及随之而来的道德滑坡将不可避免。要从根本上解决这个问题，最好的办法就是重建职业群体的组织方式以及由这种组织方式产生的职业伦理。可以说，涂尔干提出的这套治理社会失范问题的思路对当下中国社会的公民道德建设具有以下重要的参考价值。

---

[1] [法]埃米尔·涂尔干：《社会分工论》，渠东译，生活·读书·新知三联书店2000年版，第14—16页。

1. 职业伦理有效治理社会失范

从现实的必要性来看,实施公民道德建设,主要是针对当前社会一些领域和一些地方的失范状况。因此,我们首先应当了解的是:造成社会失范的根源是什么?

任何一个社会的道德问题,都不只是道德本身的问题,而是社会问题在道德领域的折射:(1)由于道德是一种具有依附性的社会意识形式,道德从来都不是独立自存的东西,所以,一旦社会出现大面积道德问题,社会有机体已经发生病变就是一个大概率事件。从这个意义上讲,只有找准影响道德变动的社会深层原因,才能从根本上认清事态发生发展的过程和趋势。(2)治理社会道德问题需要走出两个误区:其一,应当从社会整体的角度通盘考虑道德问题,不能就道德谈道德,仅仅把道德建设限定在道德领域,简单地采用头痛治头、脚痛治脚的疗法。其二,不能用简单的二分法把社会道德和社会道德所依附的社会事实分离开来,更不能把这种区分硬性地带入实际工作。在现实生活中,任何一种社会事件都是社会存在和社会意识的结合体,根本就没有独立的社会意识和社会存在。[①] 例如,任何一种经济事件都是某种经济伦理事件。所以,处理经济领域的道德问题,就是用一种经济伦理模式置换另一种经济伦理模式。如果把经济问题和道德问题拆分开来各自加以对待,就会掉入模式单一化的陷阱,最终滑向经济决定论或道德万能论的思维方式和工作方式。因此,一旦我们把经济活动归结成价值无涉的社会事实,实际上就消解了道德。当我们把道德独立出来加以抬高的时候,其实又弱化并架空了道德。更为严重的是,经济领域对道德的排挤和抵制,会削弱道德对其他社会领域的约束力。如果这种连锁反应走出恶性循环的局面,道德就失却了应有的社会功

---

① See Hilary Putnam, "For Ethics and Economics without the Dichotomy", *Review of Political Economy*, Vol. 15, issue 3, 7, 2003, p. 396.

能。它不再折射社会深层问题，不再构成调适社会秩序的现实力量。久而久之，道德失灵势必带来社会失范。

当前中国社会一定程度上的失范状况，在根本上是由市场经济的祛道德化造成的。它不仅瓦解了职业伦理对市场经济的规范作用，也弱化了道德在非经济领域的社会功能。不少人一直认为，市场经济事件是纯粹的社会事实，与道德价值无关，无须道德介入。但在事实上，市场经济体制并非与价值无涉，伦理利己主义就是它原生性的价值观念。所谓市场经济的祛道德化，就是把伦理利己主义理性化和中立化，排除以职业伦理为核心的利他性道德在市场经济中的地位和作用。伦理利己主义虽是一种道德价值，但常常不被人提起，这和人们通常把道德理解为某种形式的利他主义有关。因此，对伦理利己主义的非道德化理解反而渐渐造成了"市场经济无道德"的错觉，这种错觉反过来又为伦理利己主义在市场领域的蔓延提供了"直觉上的"正当性。久而久之，借着非道德化理解这个护身符，不受约束的伦理利己主义会偏离它的上位价值——个人主义，逐渐滑向它的下位价值——唯我主义。它不断模糊并越出职业伦理的边界，无尽地刺激自利的欲望和冲动。由于伦理利己主义是一种不宜公开宣教的价值观念，滑向唯我主义的伦理利己主义势必给社会带来伪善的一面：每个人都只顾自己的利益，每个人都是心照不宣的利己主义者。[1]因此，对共同价值的期许就成了利己策略或骗人的东西。作为偶然的存在，利他主义完全是感情用事。

市场经济是一种基于交易的分工合作体系，这个体系由一种合力与一种分力拧在一起的张力维系。合力表现在：社会合作是职业化分工的基础。合作在客观上形成了一个由供需关系推动的社会纽带，它把彼此分离

---

[1] 参见[美]雅克·蒂洛、基思·克拉斯曼：《伦理学与生活》，程立显、刘建等译，世界图书出版公司2008年版，第二章第二节。

的社会要素整合起来，使所有处在这个体系中的人相互依赖。分力表现在：产权不仅是交易的前提，也是自利意识的物质基础。它在人与人之间划出了清晰的界限，是每个人在市场领域的存在方式和生存边界。所以，尽管人与人之间相互依赖和彼此需要，但前提却是基于产权的自利。处在分工合作网络中的每个人，既依靠这个网络生存，同时也有控制这个网络为其存在的冲动。这就是主观为自己、客观为他人的伦理利己主义道德价值所依附的社会事实。更为重要的是，这个网络越是精密宽广，人们就越依赖这个网络，也越觉得自己微不足道。他的存在感会越来越稀薄，从而容易加剧自身的危机感和自保意识。如果没有职业组织强化社会团结和集体归属感，如果没有职业伦理提供的价值意义系统和社会职责观念，当每个人独自面对这个庞大而神秘的经济系统时，一种强烈的自保意识和投机心理就会油然而生，不由自主的投机和自保只能进一步强化自利意识和侵略性冲动行为。从表面上看，自利可能给个体带来短期收益的最大化，但从社会发展的长期格局来看，一旦社会团结的力量不复存在，不受约束的个体自利势必瓦解整个社会。

在现代社会，经济生活控制着人类生活的基础构架和基本走向。如果市场经济的祛道德化不能得到有效规制，伦理利己主义势必会泛化并进入整个社会生活。更为重要的是，如果经济领域不能有效遏制伦理利己主义，那些在根本上受制于经济生活的非经济领域很难与它抗衡。这样一来，市场经济的祛道德化势必催生出一个功利的社会。金钱和交易会跨越它们的边界，把所有社会存在都转化为明码标价的交易品。当各种标准和界限变得模糊，越界和不讲规则就会成为常态，混乱和失序将不可避免。[①] 更为严重的是，当源自伦理利己主义的自保意识和侵略性冲动已经

---

① 参见张霄：《功利逻辑、伦理精神与社会信任》，载《光明日报》2013年6月4日，第11版。

形成社会气候，人际冷漠和社会戾气就会充斥着整个社会，从而进一步恶化社会大环境。历史地看，市场经济祛道德化是绝大多数市场经济国家都曾遇到或正在面临的问题，能否处理好这个问题，体现了不同国家市场经济治理水平的高下。如今，人们越发意识到：市场经济不仅是法治经济、信用经济，也是道德经济，而只有成为道德经济，它才可能是比较好的法治经济和信用经济。

2. 职业伦理是四德建设之首

当前中国社会面临的道德问题在根本上是由市场经济的祛道德化造成的。它不仅恶化了市场经济环境，也腐蚀了社会道德，还造成了一定程度上的社会失范。因此，改善市场经济的道德环境，不仅对市场经济本身有利，也是从根本上改善社会道德风气的有效路径。由于职业伦理是现代经济生活的道德意识形式，是规范经济生活、影响社会道德的主导力量，所以，通过治理市场经济祛道德化的方式净化社会风气，发展职业伦理就是关键与核心。从这个意义上讲，职业伦理在当代中国公民道德建设中的地位和作用应当是基础性的、根本性的。个人品德、家庭美德和社会公德虽然重要，但不足以支撑现代道德生活的总体构架。

首先，个人品德是纯粹的私人道德。它处理两个层面的道德关系：一是个体与自身的道德关系，一是个人与朋友或个别陌生人的道德关系。一旦超出这两层道德关系，个人品德就转化成家庭道德、职业道德和社会公德。从道德实现的角度来看，在第一个层面，个人品德类似中国传统道德中的"慎独"，就是在自己独处的时候，也能按照一定的道德规范要求自己。虽然"慎独"也涉及与他人的道德关系，但不是"面对面"的直接方式，而是"背对背"的间接方式。在第二个层面，个人品德也只能在私人关系中发挥作用，不具有社会意义上的普遍性和公共性。总之，个人品德就是私人道德。它只能协调私人生活中的道德关系，不可能成为公民道德的基础。

其次，在古代社会，家庭道德是个体道德的源泉和根基。个体道德的全部内容几乎都来自家庭道德。它不仅是基层生活最基本的道德活动方式，也是国家进行道德治理的现实依据。甚至可以说，古代中国朝廷的"以德治国"就是以家庭道德为核心展开的治国方略。在自然经济条件下，家庭不仅是私人生活领域，也是基本的经济生产单位，家庭经济就是整个社会的经济生活方式。因此，家庭道德就不只是私人道德，也是协调社会基本经济关系的基础道德。正因为如此，它在传统社会才有极端重要的地位。但在现代社会，家庭已经变成纯粹的私人生活领域，不再涉足社会生产活动，它的社会经济职能只是为社会化大生产提供劳动力。家庭的结构和活动方式不仅不再是社会的结构和活动方式的基础，反过来还要受职业化社会活动的调节和干预。由于家庭对个人生活的影响力越来越弱，家庭道德对个体道德的影响力也就越来越弱，所以，它也不是公民道德的基础。

再次，在公民道德诸领域中，社会公德最具普遍性和公共性。然而，与其说社会公德是公民道德的基础和公民道德建设的起点，不如说它是一定社会公民道德建设是否富有成效的检验标准。它不应当作为公民道德建设的出发点，而是一个自然而然的结果。从公民道德建设的实施效果来看，社会公德的时空领域特别广大，国家虽然可以做宏观部署并开展有针对性的投入，但无论如何也承担不了大范围实施公共道德建设的综合成本。更为重要的是，在非职业化的公共生活领域，流动人群以松散或随机的形式建立起来的偶然联系，不足以形成影响公共行为的强约束力。对于道德来说，这种约束力越小，它的力量就越是薄弱。从这个意义上讲，指望单靠社会公德建设改善社会道德大环境，既不可能，也不现实。

最后，我们强调要把职业伦理当作公民道德的基础和公民道德建设的主体框架、主导力量，并不是说个人品德、家庭美德和社会公德不重要，可以放手不管。而是说，在公民道德建设中，应当根据公民道德发生发展的规律，找准问题所在，集中力量抓主要矛盾，通过合理布局和实施规划，有策略有步骤地推进各项工作。在我们看来，这个问题就出在市场经济的祛道德化上，主要矛盾就是通过发展职业伦理规范市场经济，通过发展职业伦理带动个人品德、家庭美德和社会公德的进步。那么接下来的问题是，职业伦理为什么可以是公民道德建设的主体构架和主导力量？

以往，为了从宏观上理解社会现象，我们通常会在人与社会之间、个人道德与社会道德之间建立直接的解释关系。这种简化的理解方式容易给人造成一种假象：好像人可以和社会直接发生关系，社会道德就是个人道德的加总。然而，在实际生活中，人是不可能与宏观社会直接发生联系的。人总是生活在各式各样的社会群体和社会组织中，一般说来，人只有借助他所在的组织才能和上下级组织发生现实的社会联系。社会联系的脉络通常在下位组织和上位组织之间传递，下至家庭，上至一定政治社会最高的权威组织——国家。相应地，人的道德观念的形成和道德习惯的养成是和他所在的组织以及在组织中的生活经历分不开的。社会组织的构成方式及其组织伦理在很大程度上塑造了个人道德，是个人道德产生、发展的源泉和基础。在自然经济条件下，家庭是人的一生中最重要的社会组织。对于缺乏组织化公共生活的前现代社会来说，家庭是个人绝大部分甚至唯一的生活空间，家庭生活就是个人的全部生活。作为一种社会组织的构成方式，家庭成了整个社会组织形式的主体和样板，单个家庭也好，国家朝廷也罢，大多如此。可想而知，在这样的社会条件下，家庭道德就必定是整个社会最基本的道德形态，即便是国家道德，也只不过是放大了的家庭道德。

进入现代社会以后，建立在社会化大生产基础上的市场体系开始把经济生活从私人的家庭领域剥离出来，在国家和家庭之间衍生出一个前所未有的、职业化的公共生活领域：市民社会。随着现代经济从家庭走向市场，现代人的生活也开始从家庭走向职业共同体。职业化组织越来越成为人们最主要的活动场所，职业化生活越来越成为人们最重要的生活方式。相应地，职业伦理对现代人道德生活的影响力也越来越大。虽然现代人最初的道德意识多半源自家庭生活，但是，由于职业生活控制着人作为社会存在的社会化过程，所以，当家庭道德观念与职业生活伦理发生冲突的时候，往往是职业生活伦理干预或调整家庭道德观念而不是相反。从这个意义上讲，如果一个社会的职业伦理环境比较好，社会道德大环境比较好的可能性就很大，家庭道德、社会公德和个人品德的发展就会有一个良好的基础。如果职业伦理环境不好，社会道德大环境不好的可能性就很大，这个时候，即便家庭道德、社会公德和个人品德能在一定程度上起到缓解作用，最终也会因为无力对抗而被连带恶化。从这个角度来看，虽然家庭领域和非职业化公共生活领域各有其特殊的道德问题，但大面积的家庭道德问题和社会公德问题一旦出现，那就意味着问题或许不是由这些领域本身引发的。在我们看来，它在根本上是由职业生活中的道德问题引发的。更为重要的是，如果我们把凝聚社会共同体、加强社会团结、内化社会责任、历练个人品质看作道德的社会功能，那么，在现代社会，也只有借助职业伦理的发展，这些功能才会实现。

（二）职业伦理的治理对象与治理途径

推进职业伦理建设，首先要明确职业伦理的治理对象，在此基础上，才能合理开发并设计相应的治理途径，做到有的放矢，管用有效。

1. 职业伦理的治理对象是资本

中国古代社会结构的特征是"家国同构"，社会最基本而且最主要的活动单位是家庭。作为社会最重要也是最主要的组织形式，家庭活动在很大程度上覆盖并主导了社会的政治活动、经济活动、文化活动的主要方面，甚至代表国家的皇族也是通过家族关系宰制国家关系的。很显然，在这样的社会结构中，家庭伦理关系就会成为最重要、最主要甚至全部的道德内容。由于国家和家族在组织类型上有着高度的相似性，从而国家道德势必也就是家庭道德的模样，而所有关于道德建设的问题势必也就成了主要是协调家庭伦理关系，所以从这个意义上讲，"齐家"和"治国"在本质上是一回事，只是在难度系数上有所差别。由于在宗法制的背景下，父子关系是家庭伦理关系中最重要的关系，因此，孝德也就是家庭道德乃至整个社会首要的核心价值。在"家国同构"关系的作用下，家庭伦理关系的道德要求自然也就上升为国家道德，孝德自然也就是国家道德的首要核心价值，只不过它在国家政治中有一个别名叫忠德。所以，这就不难理解，为什么许多古代封建王朝会推行"孝治天下"，即用家庭道德作为推行"以德治国"的方针和主要内容。

自从有了以商品交换为目的的商品经济之后，社会结构发生了根本的现代性变化，各种类型的社会活动开始纷纷脱离家庭进入具有公共性的"社会"[①]。这当然有一个漫长的历史过程，但最早从家庭中脱离出来进入公共生活领域的社会活动是经济活动，而经济活动开辟的公共生活领域就是现代意义上的市场。这个领域是近代以来才有的，是在家和国中间"冒"出来的"社会"，古典学者们习惯将其称为"市民社会"。在市民社会中实行的是商品经济，商品经济是一种以交换为目的进行生产的经济形态。它对社会的一个重大影响是，人们不能再像传统社会的自然经济那

---

① 严格意义上讲，社会这个概念是现代才出现的，主要指区别于国家和家庭的社会空间领域。由于古代并没有发展出这个独立的领域，因此也就不能说古代有现代意义上的"社会"一说。

样自己动手满足需要，而是要通过为别人生产的方式获得原来自给自足的需要。这种经济形式在把越来越多的人通过分工合作联系起来的同时，也把我们赖以生活的全部物品都变成了只有通过交换才能获得的商品，从而让越来越多的人不依赖这个体系就没法过活。因此，这种商品经济不但塑造并主导着现代公共生活领域，还越来越多地把各种社会职能从原来的家庭生活中剥离出来吸入这个领域。这个被称作市场的领域，就是我们用日常生活语言形容的"职场"。不难想象，由于国家从某种意义上讲只不过是从社会中"析出"后反观社会的政治组织，所以国家的一个关键职能就是处理国家与社会之间的关系。由于当前社会最主要的领域是作为公共经济生活的市场，因此，国家与社会最重要的关系，自然就是国家与市场之间的关系。据此，我们认为，由于以"职业—企业"伦理为代表的反映市场经济道德状况的伦理形态对社会道德起着基础性的调节作用，因此它也就是公民道德建设应当重点关注的领域。

如果说"职业—企业"伦理是国家治理语境中新时代公民道德建设工程的关键领域，那么，我们应当从何处着手开始这项工程呢？要深入理解这个问题，我们就应当认识到，"职业—企业"伦理是围绕着"治理资本"这个核心和重心展开的。因为市场经济这个公共领域，就是资本以不同形式追求自身利益最大化的角斗场，而各种类型的企业就是资本的定在和实存。驻足哪种产业形态、选择让哪个企业生存或者毁灭，完全取决于这种形态或企业是否能有更高的利润率。这就是"资本逻辑"的蛮荒之力，而治理资本则意味着要"善用"这种蛮荒之力。因此，这里的"治理"有两层含义：一是约束资本不能僭越社会伦理的底线，一是引导资本成为一股推动社会进步的力量。更为重要的是，治理资本不仅仅是个经济伦理问题或单纯的道德事件。由于资本聚集到一定规模后会实际控制社会大面积领域，甚至取代政府在公共领域的部分决策权和话语权，因此，如果把社会公共领域完全交由资本逻辑去控制，势必造成公共性的私人化问题，即公共需求不再是公共意志的表达，而是受私人资本的控制。这样的后果是不堪设想的。因此，从这个意义上讲，"职业—企业"伦理建设同时也是一个重大的国家政治事件，只不过是以经济伦理作为表征的国家政治事件。

限于篇幅，这里无法展开讨论"职业—企业"伦理治理的细节，但我们想在治理的第二层含义上（引导资本成为一股推动社会进步的力量）讨论一个具有建设性的概念——企业社会成就评价（Corporate Social Achievement，CSA）。[①] 这个概念想要表达的含义是：在一种可进行治理运作的伦理系统中，能够把企业对社会所做的贡献当作衡量和评价企业成就的重要标准。企业在获得这种成就评价的同时也能获得配享的利益。[②] 从操作层面上看，这个概念如果能转化为一种实施方案投入运行，或将带来如下一种良性循环机制：企业在自身设定的伦理观念的引导下为消费者开发和提供产品和服务。这些产品和服务为企业赢得更多的消费者信任，从而不断累积自己的企业信誉。在资本市场，当这种信誉转变为一种可度量的评价体系之后，企业信誉就转化为一种可投资的社会资本，引导资本投向这些更值得信赖的企业。如前所述，如果这个闭环可以形成，那么，在这个价值链条上的所有人都将受益。更重要的是，每个人不仅在受益，同时也在做正确的事。

---

① 笔者在这里借用了诺贝尔经济学奖得主阿玛蒂亚·森在《伦理学与经济学》里提到的"社会成就评价"概念。阿玛蒂亚·森认为，现代经济学的贫困源于经济学与伦理学和政治哲学的分离。"社会成就评价"就是他提出来想解决这一困局的一个办法。笔者不仅这个概念引入"职业—企业"伦理建设，还把社会成就评价与企业联系起来。阿玛蒂亚·森的观点参见[印度]阿玛蒂亚·森：《伦理学与经济学》，王宇、王文玉译，商务印书馆2000年版，第10页。

② 参见张霄：《培育商业伦理精神》，载《光明日报》2018年11月26日，第15版。

2. 发展职业伦理的三个重要途径

发展职业伦理推进公民道德建设，可以从下列三个方面着手：通过职业伦理活动把伦理结构带入组织治理，建立健全以行业为中心的职业伦理共同体，发展面向行动的职业道德培训。

（1）通过职业伦理活动把伦理结构带入组织治理

所谓职业伦理活动，就是把行业和职业的发展要求通过各种具有伦理相关性的职业化活动带入组织经营管理过程和组织文化，从而在各个层面改善组织管理的伦理质量，同时为个体道德发展提供良好的框架、措施和指南。一般而言，职业伦理活动可以由第三方机构搭建平台并推动，政府、企业、科研机构和社会组织共同参与。政府不是实施主体，只负责引导和监管。职业伦理活动更多地体现了社会在道德治理中的自组织能力。美国经济伦理学家狄乔治在一篇《经济伦理学历史》的文章中曾经提到，经济伦理在美国的发展有三种含义，分别是"职业生活中的日常道德"、"经济伦理研究"和"经济伦理运动"。特别是经济伦理运动，它就是融合各种社会力量治理经济领域道德问题的职业伦理活动。[①] 20世纪70年代前后，鉴于社会公众要求企业履行社会责任的呼声越来越高，美国企业开始把各种具有伦理性质的社会责任评价系统引入公司治理（这是一个被动的过程），通过相关法律法规、行业规范、责任评价、信用评级等各种举措，营造企业发展的道德舆论环境，促使企业在内部推进职业伦理建设，包括制定伦理守则、建立有自我约束性质的行动委员会、向社会定期发布企业社会责任报告、设立公司伦理官员等。这些举措很好地改善和净化了职业环境，对美国经济社会发展起到了重要的作用。中国的情况与美国等

---

① See Richard T. De George, "A History of Business Ethics", *The Accountable Corporation*, Marc Epstein and Kirk Hanson, eds, London: Praeger Publishers, 2005.

西方国家不同，在内心信念层面，从文化性格和民族心理出发，我们完全可以在中国传统文化中寻找有价值的资源，以具有中国特色的职业伦理活动框架整合社会道德治理的内外环境。

（2）建立健全以行业为中心的职业伦理共同体

推进职业伦理活动，最终目的就是要建立以行业为中心、支撑并维系行业发展的职业伦理共同体。所谓职业伦理共同体，就是从事某一个职业的一群人，他们共同享有并认同相对一致的职业价值观，并按照一致认可的行业规范约束自己的言行。他们热爱并拥护自己所在的职业伦理共同体，并把自己的职业发展规划和伦理共同体的建设融在一起。在这样的伦理共同体中，从业人员会产生强烈的归属感和身份感，他们认为自己的工作不是谋生，而是在做有意义、有价值的工作。这样的职业伦理共同体一旦形成，对个体道德品质的养成有着极其重要的影响。一个把自己所从事的职业当作事业来做的人，会是一个乐于助人、有较高利他主义精神的人。因为从社会必要性的角度来看，所谓"做事业"就是做全心全意服务他人的事，就是从服务他人的过程中找寻自己的人生价值。就当前中国社会的情况来看，要建立这样的职业伦理共同体，需要从两个大方向着手。阿玛蒂亚·森在《伦理学与经济学》中曾提到，现代经济学的贫困源于对伦理学的忽视，要改变这种状况，需要用"伦理相关的动机观"替代追求自利的经济人假设，用"伦理相关的社会成就观"替代以效用为基础的社会成就判断。[①] 不难看出，阿玛蒂亚·森的两个建议一个涉及经济行为的内部动机，一个涉及经济行为的外部评价。虽然这两个建议针对的是福利经济学，但它们对职业伦理共同体的发展也有特别重要的借鉴价值。从职业行为的内部动机来看，一旦从业者把职业当作谋生的手段，他就会以自

---

① 参见[印度]阿玛蒂亚·森：《伦理学与经济学》，王宇、王文玉译，商务印书馆2000年版，第9-10页。

利的动机对待工作，就不会考虑到职业的社会化意义。从职业行为的外部评价来看，如果从业者只能按照效用标准衡量自己的成功，他势必会把获利当作个人成功的最终标准。这样一来，即便他做出了应该受到谴责的行为，也会因为"成功"得到迁就和允许。因此，建立健全以行业为中心的职业伦理共同体，首先要从职业行为的内部动机和职业行为的外部评价两个方面重建行业规范、职业信誉和个人的职业成就观念。通过多元化动机引导和成就评价的实现，让更多的从业人员在职业工作中找到真正属于自己也属于社会的人生价值。

（3）发展面向行动的职业道德培训

如果说发展职业伦理活动和职业伦理共同体是面向行动框架的、面向社会环境的，那么，职业道德培训就是面向个体的、面向具体行动的。职业道德培训区别于传统意义上的职业道德教育，更加注重有针对性和可操作性的道德养成活动，是道德教育的实践环节。道德养成是一个知行合一的行动过程，是内在品质长期积淀的过程。道德培训的重点不是灌输价值观或习得某种道德知识，而是如何让人认同特定的价值观并把特定的道德知识当作自己行动的向导。由于这是一个心理过程，所以，道德培训依托的是道德心理学。总的来看，现代职业培训体系非常丰富、发达，但职业道德培训却非常贫弱。究其原因，如下：首先，人们在认识上有误区，认为职业道德培训就是道德说教，听听就行，没什么特别的地方。其次，人们不够重视，认为职业道德培训没有"硬"效果，是可有可无的东西。再次，现有的职业道德培训没有脱离传统的道德教育模式，大多以道德说教和灌输价值为主，培训内容也比较空泛，没有凸显道德养成的专业性和技术性特征。最后，职业道德培训的周期很短，未能结合道德心理的发展过程，未能达到实际的心理效果。① 实际上，职业道德培训的欠缺在很大程度上严重制约了现代职业生活，在讲求效用至上的大环境下，慢工出细活的职业道德培训根本得不到重视。它会造成一种恶性循环：由于职业道德培训周期长、见效慢，所以大家都不愿投入，但从业人员的道德素质越不高，职业失范的风险就越大，最终的后果往往是，"职业失范"的代价会远远高于职业道德培训的成本，"节约"职业道德培训，实在是得不偿失。

---

① 从道德发展心理学的角度来讲，人的道德心理从起源到成熟，需要经过三个水平、六个阶段。参见[美]L. 科尔伯格：《道德发展心理学：道德阶段的本质与确证》，郭本禹等译，华东师范大学出版社2004年版，第一章。

结束语

培育商业伦理精神和发展科技伦理

通过职业伦理建设推进国家伦理治理体系的现代化发展，需要在各专门的应用伦理领域发力。在我们看来，对当前中国社会来说，培育商业伦理精神和发展科技伦理至关重要，刻不容缓。

（一）培育商业伦理精神[①]

商业伦理精神的培育，从根本上说，就是要破除所谓的"商业无道德神话"，改变"利润至上"的商业环境和商业观，塑造"价值优先"的商业文化。

"商业无道德神话"支持这样一种观点："商业行为与道德无关。商业活动无需考虑道德问题。对企业来说，追求经济利益才具有实质意义，谈论道德问题就是不务正业。"这种说法尽管有违人们在直觉上的道德感，但它却是商业社会中"牢固的成见"。现代西方主流经济学既是这一观点在理论上不自觉的辩护者，同时也自然地借由这种理论造成的实证结果得到辩护。为了破除这一根深蒂固的"业界神话"，近半个世纪以

[①] 发表于《光明日报》2018年11月26日，第15版。

来，商业伦理学一直在艰难的环境中苦口婆心地争辩着"企业为什么要讲道德"和"企业如何讲道德"。但实事求是地说，商业伦理学在今天之所以受到人们的重视，在很大程度上并不取决于伦理学家们提供的各种理由和方法，而是因为屡屡发生的企业失德行为一次比一次危害大，一次又一次突破社会道德的底线，使得人们不得不重新审视企业追求经济价值的意义，不得不在更高的价值层面上重新评价和规范商业行为。

历史地看，现代商业社会不自然的"无道德"特征与现代商业文明起源于伦理观念这一事实和传统背道而驰。在现代商业文明发起的源头，伦理观念不但孕育了新的商业精神，还通过这种商业精神带来了持续而稳定的商业繁荣。有趣的是，大约在16—17世纪这段时间里，这一现象同时发生在中国和欧洲。

明清之际，处于"四民"之末的商人阶层缔造了中国社会一度的商业繁荣。而在背后起重要推动作用的，恰恰是被称为"贾道"的伦理观念。有学者指出，明清之际的商人大多原是儒生，"弃儒就贾"后便不自觉地把儒家的义利观念带入商业活动，渐渐有意识地生发出作为"道统"之一的"贾道"。王阳明讲"四民异业而同道"的时代，说的就是商业活动被纳入"正统"、经商也被视为"正道"的年代。正是带着经商也是"弘道"的信念，明清之际的儒商不仅有着高度的敬业精神和事业心，还乐于承担一切重要的社会公益事业，如编族谱、建宗祠、设义庄、疏通河道、开路修桥、建书院寺庙等，甚至对属于士的阶层所做的文化事业如整理文献和刊行丛书也乐此不疲。儒商的种种义举受到社会的广泛认可和政府的褒奖，在"若有德业，则为铭文"的感召下，他们越发看重自己的名德。

大约在相同的时间段里，西方社会经历了宗教改革。基督教世界摇摇欲坠，世俗世界的兴盛伴随着科技革命的浪潮推动了商业社会的崛起。马克斯·韦伯在《新教伦理与资本主义精神》一书中认为，正是在加尔文宗诸派宗教伦理孕育的资本主义商业精神的感召下,大量的清教徒投身商业活动为资本主义原始积累赚取了"第一桶金"。这种资本主义精神可称之为禁欲主义天职观,即从事商业活动不再是低贱的行为,而是符合上帝要求、为上帝劳作的天职。

不难看出,无论是明清商人的"贾道"理念,还是欧洲清教徒的"天职观",它们之所以能成就一种商业文明或塑造一种商业精神,关键就在于它们能把个体的经济行为和某种公认的崇高价值结合起来,从内在和外在两个方面使人获得超越性,形成了一种在个体和社会之间的良性互动。在这种双向的互动过程中,个体既获得了超越自身利益的自我认同,社会也从中受益并对个体进行良性反馈。相反,如果经济行为的动机是单纯的自利,而社会成就评价只是建立在效果主义基础上的福利标准,那么个体和社会之间就不再是一种相互推升的递进关系,而是一种相互掣肘的制约关系。从这个意义上讲,要走出"商业无道德神话"的困境,就要在根本上实现个体行为动机与社会成就评价之间的良性互动,这两者相辅相成、不可分割。如果只是强调在个体层面改善行为动机而不调整社会成就评价体系,那么道德的个体就有可能在社会压力系统下面临"劣币驱除良币"的道德风险。如果社会成就评价的调整不能起到改善个体行为动机的效果,那么再好的评价系统也会流于形式而无人问津。更为重要的是,这种良性互动不但在说理层面和社会教育系统内需要经济学、管理学和伦理学以更加开放的姿态和视野吸收对方有益的东西,更需要金融家、企业家、社会活动家和一切有志于从事这项事业的人通过一定的机制、措施、路径把这种良性互动现实地建立起来并一直推动下去。这种良性的互动机制就是所谓的伦理法。按照黑格尔的概念,它是主观和客观相统一的自在自为的法。只有在这种法的形式中,才能形成作为共同存在方式的伦理精神。

以色列作家尤瓦尔·赫拉利在《人类简史:从动物到上帝》一书中

说，人类之所以能在进化中脱颖而出，是因为我们这个物种在大约7万年前经历了一次"认知革命"，这场革命使人类行为的价值超出了生物学的范畴。从此，人类开始借助对共同东西的想象发动大规模的集体协作。从伦理学的角度来理解，这种能动的共同东西就是最初的伦理精神。"贾道"也好，"天职观"也罢，甚或是正义、平等这些伦理观念，它们并不是物质实体，而是人类头脑中想象出来的产物。但正因为这些观念成了伦理主体，人类才可能通过这个纽带把自己和他者联系起来，并按照可通约的精神世界确认自身并约束自己的行为。这种伦理精神就是自我意识的共在状态。在伦理法中，这种共在状态使每一个自我既是独立的个体，同时又与他者成为一体。在一个没有伦理精神的生活世界里，人们就不可能形成价值共识，也不可能按照共同的价值标准理解是非判断。这样一来，每个人也就只能看重并固守自己认为是对的东西，画地为牢、各自为政的最终后果必将催生原子化的社会。因此，可以毫不夸张地说，如果不能在商业生活中重塑伦理精神，就不会有真正的成就感、职责感、荣誉感、诚信精神、工匠精神、敬业精神这些带有超越性质的价值诉求。

在社会主义市场经济条件下，重塑商业伦理精神可以从以下两个方面入手：其一，以开发社会成就评价工具为抓手，用社会主义核心价值观引领职业伦理建设，通过评价活动把社会主义核心价值观融入组织经营管理过程和组织文化，在各个层面改善组织管理的伦理质量。其二，开展面向行动的职业道德培训活动，以社会主义核心价值观为指导，把规范伦理学理论和道德心理学知识转化成以行动为导向的分析框架和测度工具，摆脱以往僵化的道德说教模式，开发有针对性和可操作性的道德培训方式。

如今，有越来越多的投资人更愿意把资本投向那些富有社会责任感并重视组织文化经营的企业。换句话说，他们更愿意去投那些"有道德的企业"。长远地看，许多这样的战略性投资最终并没有让投资人失望。这些投资不但给投资人带来了可观的经济效益,也在客观上产生了不小的社会效益。这说明,重视商业伦理精神的培育,完全有可能实现商业价值和社会价值的双赢。

(二)发展科技伦理:从原则到行动[①]

中央深改委第九次会议审议通过了《国家科技伦理委员会组建方案》。会议指出,科技伦理是科技活动必须遵守的价值准则。组建国家科技伦理委员会,目的就是加强统筹规范和指导协调,推动构建覆盖全面、导向明确、规范有序、协调一致的科技伦理治理体系。要抓紧完善制度规范,健全治理机制,强化伦理监管,细化相关法律法规和伦理审查规则,规范各类科学研究活动。根据会议精神,发展科技伦理,不仅要明确科技活动必须遵守的价值准则,更要把这些准则落实在行动中,通过各种制度、机制、监管和审查,构建切实有效的"伦理治理体系"。

发展科技伦理,就是把价值、原则、规范带入科技活动,从而在各个环节、各个层面提升科技活动的伦理质量,使科学技术更好地造福人类社会。具体来说,可通过以下方式来实现:其一,不断消解科技活动可能带来的负面后果。特别是对那些技术发展不成熟、应用后果不明朗的前沿新兴科技,要通过建立评估体系和预警机制进行风险管控。不能仅仅通过经济指标来衡量科技活动的社会效益,尤其警惕"资本逻辑"对科技活动的控制,坚决制止把人类社会当作技术实验场景的极端做法。其二,再次明确科技活动的属人本性。要做到这一点,就不能偏执于"科技中立"的价值观念,认为科技虽然也是人的活动,但终究隐含着超越人类的独立发展主题。我们应当把科技理解为自然向人类的打开方式,这些方式不

---

① 发表于《光明日报》2019年12月9日,第15版。

仅可以有选择，而且应当是属人的选择。

尽管科技伦理问题在当代的重要性已不言而喻，但在现实生活中，普通民众对这个问题还很陌生，远没有形成对应的概念。据此，不少批评者深表忧虑。在他们看来，高科技多掌握在技术专家、商业领袖、行业首脑、政府管理者等社会精英手中，如果这些人在从事科技活动的时候不考虑伦理问题，那么普通民众就更难意识到深层次的科技伦理问题，科技"不伦理"所带来的恶性后果将不可避免地使民众陷入恐慌。不过，值得庆幸的是，在那些频繁接触和运用前沿新兴科技的人中间，开始涌现出越来越多关注科技伦理的人。他们不仅研究科技伦理问题，也热衷于科技伦理实践，并身体力行地推动科技伦理的发展。这些先行者的研究成果和实践经验大致可以归结为如下一些价值准则：

后果应风控。我们常说科学技术是一把双刃剑。这意味着，科技力量越是强大，它可能带来的风险也就越大。可想而知，如果我们对某项科学研究和技术应用所产生的后果不得而知，且没有相应的补救措施消解不良后果，那么，我们就会使自己陷入进退两难、无所适从的境地。2018年的基因编辑婴儿事件就是一例。由于存在脱靶效应，新生儿的基因异于常人，因此，这台基因编辑手术对这两个孩子的生理、心理以及未来生活所造成的影响不仅未卜，而且后果不可逆。所以，对于那些后果未知且可能造成不可逆结果的前沿新兴科技应用，应当建立风险管控机制，必要时可明令禁止。

信息应公开。这条准则对那些经常和数据打交道的企业来说尤其重要。在智能大数据时代，为了开发更加"懂得"消费者的产品，越来越多的企业开始以数据管理的模式建立用户系统。但是，企业在储存、分析和使用消费者私人数据的同时，也存在着大量违规处理数据和利用数据操控用户的隐蔽做法。2018年，美国著名的社交网络企业脸书（Facebook）就因把未经用户授权的私人数据提供给第三方使用而受到司法部门的立案调查。因此，企业必须确保消费者在使用产品或接受服务时知道自己需要同意什么。企业应当向公众发布更多的产品信息和技术信息，让更多的消费者通过更加透明的方式参与到企业的产品设计决策中去。

知识可解释。在日常生活中，普通民众是通过各种商品和服务间接接触各类科技的。但在他们享用科技产品带来的生活便利的同时，往往对产品背后的技术条件及其工作方式不明就里，因而也就无法对产品使用后果做出自己的判断。如今，当我们用网络进行购物或社交时，得到的绝大部分信息都是被算法推荐的。通过相应的算法设计，各种购物和社交软件甚至能左右我们去哪里、遇见谁、买什么，使我们在不知不觉之中被算法牵着鼻子走。因此，我们需要企业提供易于理解并说明清晰的产品知识和技术信息。只要有足够透明且解释清晰的知识，普通民众自己就能在科技伦理问题上做出决定。

行为可问责。科技活动可能造成的后果需要被纳入一个清晰的问责体系之中，如果这个问责体系不能建立，我们就既不能对科技活动进行反向的伦理规制，也无法妥善处理科技活动产生的各种后果。2018年3月，在美国一辆无人驾驶汽车肇事伤人之后，至少有四家责任主体陷入了诉讼纠纷。究竟如何认定传感器制造商、驾驶软件设计商、算法开发商和汽车所有人之间的责任关系，对这一问题的讨论甚至上了世界顶级杂志之一《科学》（*Science*）。实际上，随着大量新兴科技通过产品不断进入社会，类似这样的问责困境今后还会频频出现，如果事先不能建立问责体系，我们实际上是无法善后的。

减少不平等。在理想条件下，没有人会反对科技的作用之一在于平等地造福社会上更多的人。但在现实中，这个理想常常受到各种挑战。我们是否应当设计更加公平的制度，使更多的科技资源流向最需要的人呢？但由谁来承担分配这些科技资源的费用呢？新一轮人工智能的发展可能会造成大面积的结构性失业，我们需要考虑那些失业人员的工作问题吗，还是有条件地限制人工智能的应用场景呢？我们可以发展功能型基因编辑技术吗？显然，如果没有相应的价值准则回应这些问题，任由科技应用野蛮生长，最终必然导致更大范围、更深程度上的社会不平等。

后果应风控、信息应公开、知识可解释、行为可问责、减少不平等，这些都是科技活动应当遵守的价值准则，或称科技伦理原则。当然，科技伦理原则显然不只这些。不仅如此，在特殊的科技领域，这些原则还各有其特定内涵并需要根据价值重要性进行排序。更为关键的是，只有当这些原则转化为具体的科技伦理规范，才可能切实有效地发挥作用。这需要科学家、发明家、伦理学家、企业家、监管机构、第三方组织开展专项的跨学科研究，合作建立科技伦理治理体系，同时把普通公众纳入更加广泛的科技伦理决策系统。在这个面向行动的过程中，需要认真对待以下三方面问题：

协同经济伦理发展科技伦理。在现代社会，科技造福人类的方式在很大程度上是由经济活动来安排的，因此，建立科技伦理治理体系就需要统筹考虑经济活动及其伦理问题，实际上，许多当代科技伦理问题也是经济伦理问题，有些科技伦理问题其实从根本上说反倒是经济伦理问题。因此，我们实际上需要开发的是一种统筹"科技—经济—伦理"的治理体系。这种治理体系需要融合三个领域的价值结构，并根据侧重不同的层次和环节吸取各自的分析框架。例如，在后果分析和责任评价这两个维度上，现代经济伦理学理论中的利益相关者理论和企业社会责任理论，都是比较成熟的、可以用来讨论科技伦理问题的分析框架。

定向开发专业的科技伦理治理技术。面对更为实证化、标准化、技术化的科技活动，伦理学需要把抽象的价值、原则、论证推理方式转化为更加可度量、可评价、可操作的伦理治理技术。这项技术的本质是在伦理与科技之间建立一种有弹性的平衡机制，就像一根可松紧的橡皮筋。一方面，对于那些发展比较成熟、应用前景及后果比较明朗的科学技术，可逐级放宽伦理规制。相反，对于那些应用条件不成熟、应用后果未知的科学技术，应当逐级收紧伦理规制。这种根据伦理松紧度进行分级管理的方式，需要伦理学更加深入地研究科技活动的各个环节，为各层级上的科技决策提供伦理参照系。不仅如此，这项技术还可转化为科技伦理发展指数，引导资本投向更值得信赖的科技应用。

把科技伦理研究和职业伦理培训结合起来。职业伦理培训必然是科技伦理治理体系中非常重要的一个环节，要发展科技伦理，首先需要解决人的观念问题。价值观念的养成有两个途径：一个源于道德知识，一个源于道德经验。在前者，各种价值准则的证成方式及其推理过程可以教会人们如何运用概念分析和判断伦理问题。在后者，各种科技伦理实践活动可以培养人的伦理敏感性。所谓伦理敏感性就是能迅速地识别科技活动中可能存在的伦理问题。要做好这两点"人的工作"，最好的方式就是开展专门的职业伦理培训。与此同时，要把职业伦理培训和各个层级、各个环节上的科技活动结合起来，有机地嵌入到伦理治理体系中，真正做到有的放矢、行之有效。

《国家科技伦理委员会组建方案》是在全面深化改革的大背景下提出的，落脚点是建立科技伦理治理体系。它从这个角度创造性地发展了"依法治国和以德治国相结合"的新思路和新策略，为我国新时代公民道德建设提供了新的方向和新的路径。

参考文献

[1] [古希腊]亚里士多德. 尼各马可伦理学[M]. 廖申白, 译. 北京: 商务印书馆, 2003.

[2] [德]列奥·施特劳斯. 现代性的三次浪潮[M]. 丁耘, 译//汪民安, 陈永国, 张云鹏. 现代性基本读本: 上册. 郑州: 河南大学出版社, 2005.

[3] [英]霍布斯. 利维坦[M]. 黎思复, 黎廷弼, 译. 杨昌裕, 校. 北京: 商务印书馆, 1985.

[4] [德]黑格尔. 法哲学原理[M]. 范扬, 张企泰, 译. 北京: 商务印书馆, 1961.

[5] 马克思恩格斯选集: 第2卷[M]. 北京: 人民出版社, 1995.

[6] 马克思恩格斯选集: 第3卷[M]. 北京: 人民出版社, 1995.

[7] 马克思恩格斯全集: 第1卷[M]. 北京: 人民出版社, 1995.

[8] 张亮, 熊婴. 伦理、文化与社会主义: 英国新左派早期思想读本[M]. 南京: 江苏人民出版社, 2013.

[9] 马克思恩格斯文集: 第1卷[M]. 北京: 人民出版社, 2009.

[10] 马克思恩格斯文集: 第5卷[M]. 北京: 人民出版社, 2009.

[11] 马克思恩格斯文集: 第9卷[M]. 北京: 人民出版社, 2009.

[12] [美]杰瑞·卡普兰. 人工智能时代: 人机共生下财富、工作与思维的大未来[M]. 李盼, 译. 杭州: 浙江人民出版社, 2016.

[13] 习近平谈治国理政[M]. 北京: 外文出版社, 2014.

[14] 费孝通. 乡土中国 生育制度[M]. 北京: 北京大学出版社, 1998.

[15] [美]黄仁宇.中国大历史[M].北京：生活·读书·新知三联书店，2007.

[16] 何兆武、柳卸林.中国印象——世界名人论中国文化：下册[M].桂林：广西师范大学出版社，2001.

[17] 干春松.制度化儒家及其解体[M].北京：中国人民大学出版社，2012.

[18] [法]米歇尔·福柯.必须保卫社会[M].钱翰，译.上海：上海人民出版社，1999.

[19] 干春松.制度化儒家及其解体[M].北京：中国人民大学出版社，2012.

[20] [美]田辰山.中国辩证法：从《易经》到马克思主义[M].萧延中，译.北京：中国人民大学出版社，2016.

[21] [美]伯特尔·奥尔曼.辩证法的舞蹈——马克思方法的步骤[M].田世锭，何霜梅，译.北京：高等教育出版社，2006.

[22] 中共中央文献研究室.习近平关于社会主义文化建设论述摘编[M].北京：中央文献出版社，2017.

[23] 钱穆.中国历史精神[M].北京：九州出版社，2012.

[24] [印度]阿马蒂亚·森.伦理学与经济学[M].王宇，王文玉，译.北京：商务印书馆，2000.

[25] [德]黑格尔.法哲学原理[M].邓安庆，译.北京：人民出版社，2016.

[26] [英]安德鲁·海伍德.政治学核心概念[M].吴勇，译.北京：中国人民大学出版社，2014.

[27] [法]埃米尔·涂尔干.社会分工论[M].渠东，译.北京：生活·读书·新知三联书店，2000.

[28] [美]雅克·蒂洛，基思·克拉斯曼.伦理学与生活[M].程立显，刘建，等，译.北京：世界图书出版公司，2008.

[29] [美]L.科尔伯格.道德发展心理学：道德阶段的本质与确证[M].郭本禹，等，译.上海：华东师范大学出版社，2004.

[30] 张霄. 原子偏斜、国家制度与异化劳动——马克思自由伦理思想的发展轨迹（1841—1844）[J]. 齐鲁学刊，2018（4）.

[31] 张霄. 从法哲学到社会伦理学：马克思世界观革命中的道德图景[J]. 马克思主义与现实，2020（1）.

[32] 渠敬东. 职业伦理与公民道德——涂尔干对国家与社会之关系的新构建[J]. 社会学研究，2014（4）.

[33] 范文澜. 中国历史上的民族斗争与融合[J]. 历史研究，1980（1）.

[34] 殷瑞钰. 关于工程方法论研究的初步构想[J]. 自然辩证法研究，2014（10）.

[35] 郑杭生，黄家亮. 当前我国社会管理和社区治理的新趋势[J]. 甘肃社会科学，2012（6）.

[36] 魏娜：我国城市社区治理模式：发展演变与制度创新[J]. 中国人民大学学报，2003（1）.

[37] 杨光斌. 以中国为方法的政治学[J]. 中国社会科学，2019（10）.

[38] 张霄. 功利逻辑、伦理精神与社会信任[N]. 光明日报，2013-6-4（11）.

[39] 张霄. 培育商业伦理精神[N]. 光明日报，2018-11-26（15）.

[40] Bernard Williams. *In the Beginning was the Deed: Realism and Moralism in Political Theory* [M]. Princeton：Princeton University Press. 2005.

[41] Alasdair Macintyre. *After Virtue：A Study in Moral Theory* [M]. Indiana: University of Notre Dame Press. 2007.

[42] Peter McMylor，Alasdair MacIntyre. *Critic of Modernity* [M]. London and New York：Routledge. 1994.

[43] Adam Smith. *The Theory of Moral Sentiment* [M]. eds. D. D. Raphael and A. L. Macfie. New York：Oxford University Press. 1976.

[44] Athol Fitzgibbons. *Adam Smith's System of Liberty, Wealth, and Virtue: The Moral and Political Foundations of The Wealth of Nations* [M]. Oxford: Oxford University Press. 1995.

[45] G. A. Cohen. *History, Ethics and Marxism, Introduction in Self-ownership, Freedom and Equality* [M]. London: Cambridge University Press. 1995.

[46] Charles Larmore. "What is Political Philosophy" [J]. *Journal of Moral Philosophy*. 10, 2013.

[47] Hilary Putnam. "For Ethics and Economics without the Dichotomy " [J]. *Review of Political Economy*. Vol. 15, issue 3. 7, 2003.